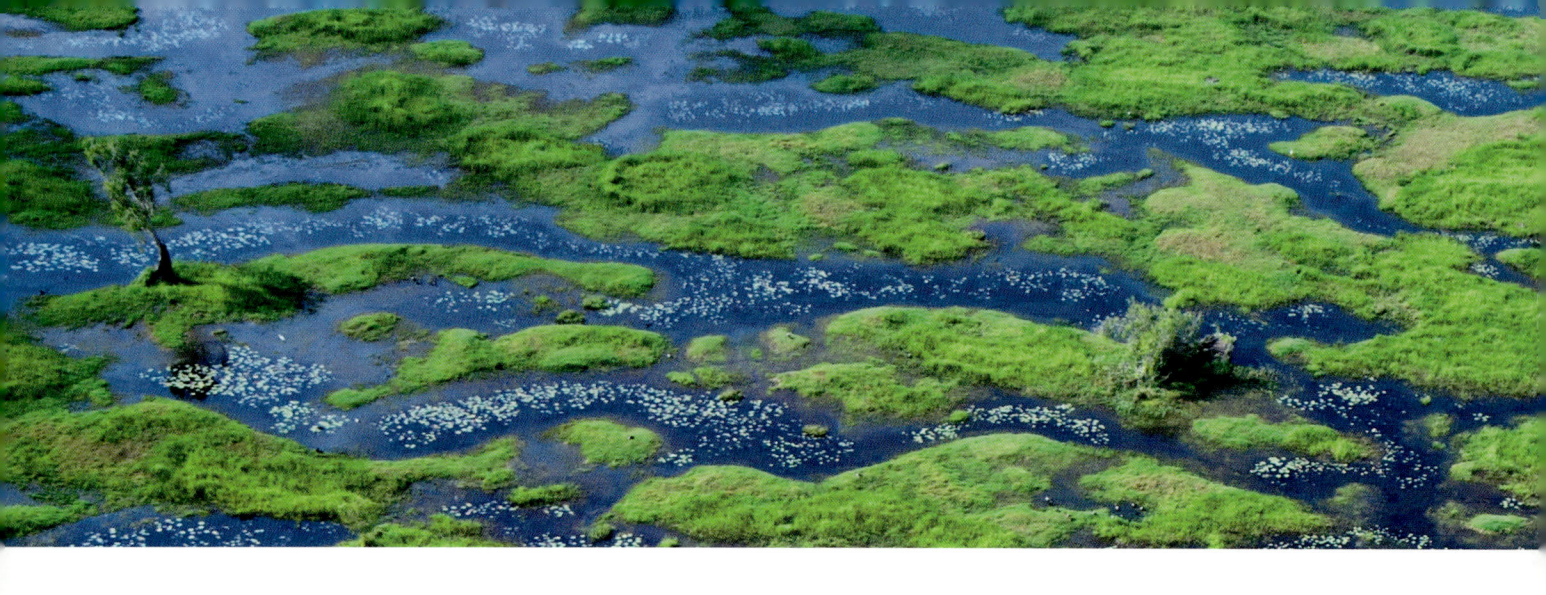

はじめに

地上から見ている光景を、空から、あるいは高所から見たときにどう見えるのでしょう。

飛行機に乗れば、労せずして窓越しに地上を見ることができ、ネットでは衛星写真が見られるようになった現代、「上空からの視点」はそれほど珍しくないかもしれません。

でも、飛行機が飛ばない場所、通常では足を踏み入れることのないような場所、知っている場所でもよく見ると違う表情を持っている場所など、見たことがない風景はまだまだあるものです。

たとえば、上空から見なければ分からないような光景。直径が875メートルもある隕石の衝突痕や、火山の噴火口のすぐそばに住む人たちのようす、果てしなく広がる世界一の砂漠。

あるいは、そこまでたどり着くにはたいへんな時間と労力がかかってしまうような場所。

ニジェール川沿いに立つ小さな村、極寒のシベリアを走り抜けるトナカイ、雄大なアラスカの自然、パタゴニアの高峰。

まれな自然現象を押さえた貴重な瞬間もあります。ポロロッカ、鳥のかたちに集合したフラミンゴの群れ。

本書はこうした素晴らしい光景をじゅうぶんに味わっていただくために、大きなサイズで刊行しました。草原を駆ける動物の一頭一頭もくっきり見えます。すみずみまでじっくりと眺めて、意外な発見があれば楽しさも増すでしょう。次の休暇の旅先を探してみてもいいかもしれません。

飛行機や衛星からでは見えない場所も、見えない角度もまだまだたくさんあります。新しい視点と、世界のじつに多様な姿をぜひとも楽しんでください。

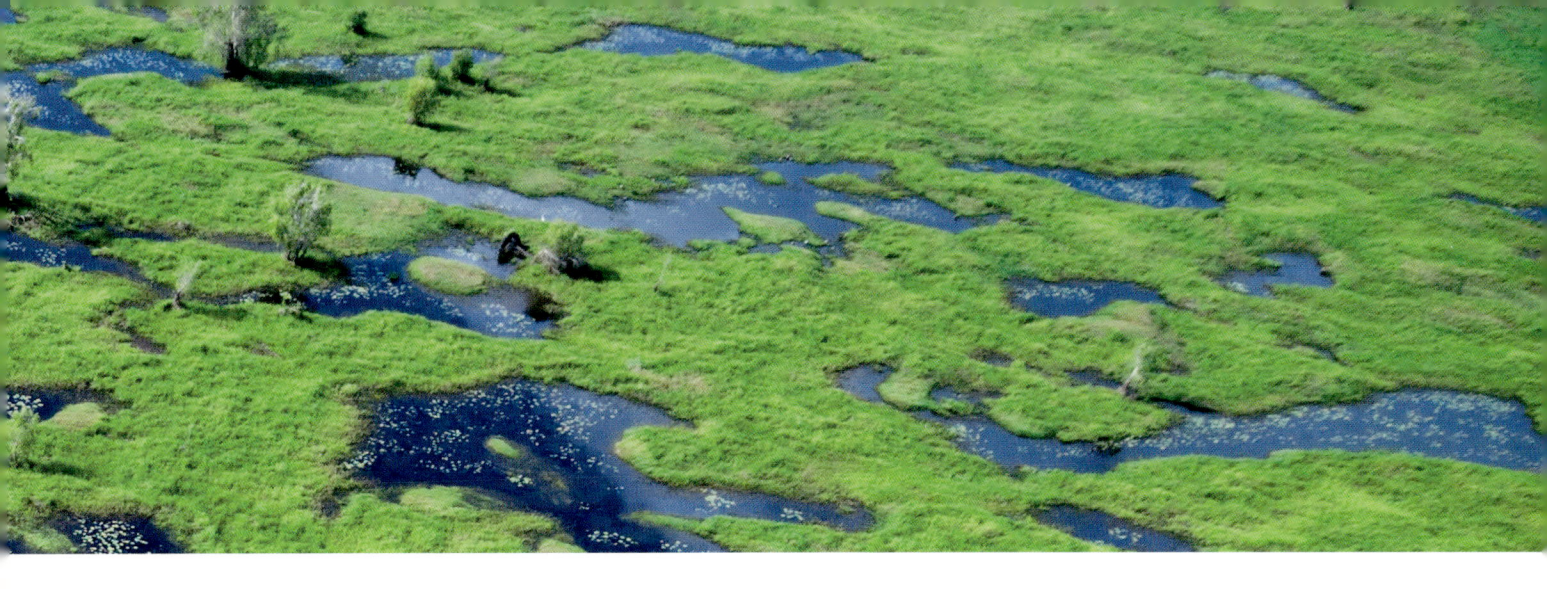

もくじ

2 　はじめに

4 　ワールドマップ

6 　AFRICA & EUROPE
　　アフリカ&ヨーロッパ

50 　EURASIA
　　ユーラシア

90 　AMERICA & OCEANIA
　　アメリカ&オセアニア

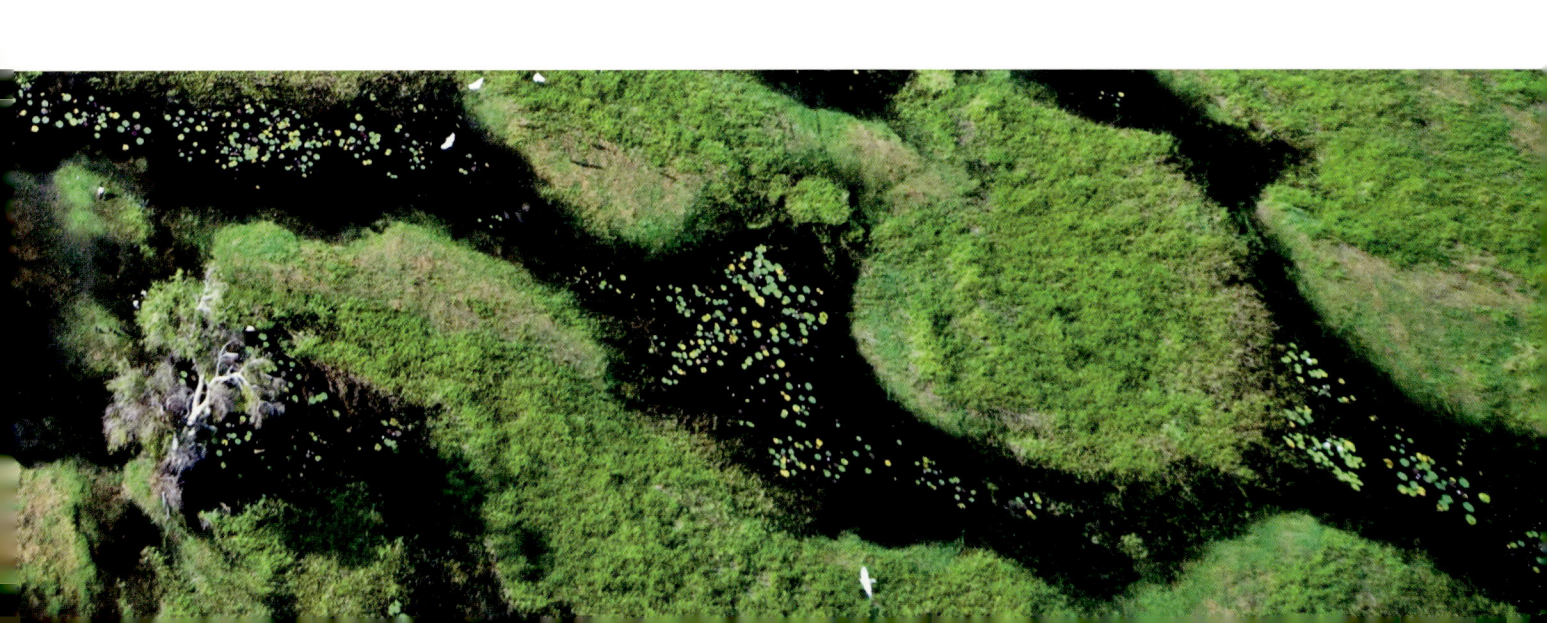

北極海

北極圏

北アメリカ
ヨーロッパ
大西洋
アフリカ
北回帰線
赤道
南アメリカ
南回帰線

WORLD

南極圏
南極大陸

アフリカ＆ヨーロッパ

- 8　ナミビア、ナミブ砂漠
- 10　ケニア、ナトロン湖
- 12　マリ、グミナ村
- 13　ジンバブエ／ザンビア、ビクトリアの滝
- 14　チャド、サハラ砂漠
- 16　スーダン、聖廟
- 17　マリ、泥のモスク
- 18　ケニア、グレート・リフト・バレー
- 20　エチオピア、アファール低地
- 22　マダガスカル沿岸、インド洋
- 23　アルジェリア、ティムガッド
- 24　マダガスカル、ツィンギ・デ・ベマラ国立公園
- 25　南スーダン、ヌエル族の村
- 26　セネガル、レトバ湖
- 28　ケニア、アンボセリ国立公園
- 29　ケニア、マガド・クレーター
- 30　イタリア、サン・ジミニャーノ
- 32　フランス、モン・サン・ミッシェル
- 33　チェコ、ゼレナー・ホラの聖ヤン・ネポムツキー巡礼教会
- 34　クロアチア、プリトビッチェ湖群国立公園
- 36　マルタ、バレッタ
- 37　ルーマニア、マラムレシュ
- 38　スロベニア、ブレッド湖
- 40　オランダ、ナールデンの要塞
- 41　オランダ、ワイデメレン
- 42　スイス、ゼンティス地方
- 44　フィンランド、クオピオ
- 46　ドイツ、ノイシュバンシュタイン城
- 47　ドイツ、ドレスデン
- 48　アイスランド、リトラネーズ滝

ユーラシア

- 52　ロシア、キジ島
- 54　イエメン、シバーム
- 56　アラブ首長国連邦、ドバイ
- 57　トルコ、カッパドキア
- 58　イスラエル、エルサレム
- 60　サウジアラビア、メッカ
- 61　シリア、アレッポ
- 62　ヨルダン、ペトラ遺跡
- 64　イラン、イスファハン
- 65　カタール、ドーハ
- 66　イスラエル、死海
- 68　グルジア、トビリシ
- 70　スリランカ、シーギリヤロック
- 71　パキスタン、フンザ渓谷
- 72　チベット、ギャンツェ
- 74　ロシア、モスクワ
- 75　カザフスタン、アスタナ
- 76　モンゴル
- 78　ヒマラヤ山脈
- 79　モルディブ
- 80　インドネシア、イリアンジャヤ
- 82　ミャンマー、ポッパ山
- 83　インドネシア、ブロモ山
- 84　中国、客家土楼
- 86　中国、雲南省
- 87　日本、長野県
- 88　ロシア、シベリア

アメリカ＆オセアニア

- 92　米国、北極圏の扉国立公園
- 94　ブラジル、アラグアリ川
- 95　ブラジル、パンタナール湿原
- 96　米国、イエローストーン国立公園
- 98　カナダ、バフィン島
- 99　米国、デービスモンサン空軍基地
- 100　メキシコ、コロラド川デルタ
- 101　米国、フロリダ州
- 102　ブラジル、レンソイス・マラニェンセス国立公園
- 104　メキシコ、ユカタン半島
- 105　ベリーズ
- 106　ベネズエラ／ガイアナ／ブラジル、ギアナ高地
- 108　チリ、パタゴニア
- 109　米国、ジョン・デイ化石層国立公園
- 110　ボリビア、ウユニ塩原
- 112　米国、グランドキャニオン
- 114　ニュージーランド、フィヨルドランド国立公園
- 116　ニュージーランド、マウンガティ
- 118　オーストラリア、カカドゥ国立公園
- 119　オーストラリア、パーヌルル国立公園
- 120　ニュージーランド、ロトルア
- 121　ニュージーランド、トンガリロ国立公園
- 122　オーストラリア、フレーザー島
- 124　オーストラリア、オルガ山
- 125　オーストラリア、ホールズ・クリーク
- 126　フランス領ポリネシア、ボラボラ島
- 127　南極、マクマード・サウンド沖

MAP

アフリカ & ヨーロッパ

地中海を挟んで南北に向きあうアフリカとヨーロッパ。一見対照的で、アフリカといえば自然、ヨーロッパといえば都会と見られがちだ。けれども空から見れば、それだけではないことがわかる。

AFRICA &

ひとくちにアフリカといっても、気候も生活もバリエーションに富んでいる。灼熱の地から、熱帯雨林、万年雪を戴く高峰とさまざま。地球の裂け目である大地溝帯は地上から見ては実感がわかないだろう。広大な砂漠地帯は、上空から見ればさらに果てしないほどの規模だとわかる。世界でもっともよく保存されているローマ遺跡は実はアフリカにあるのだが、全体を見渡してから細部を見れば新たな発見があるだろう。

ユーラシア大陸の西部に位置するヨーロッパは、温帯気候が大部分を占め、北部に亜寒帯があり、北極圏へと続いていく。星型の城砦や教会など、上から見てこそ設計の醍醐味がわかる。ルーマニアの田舎やオランダの水上に立つ家など、あまり見たことがない光景も。白一色の冬のフィンランドや、ダイナミックなアルプスなど、豊かな自然の迫力も、上空から眺めてこそだ。

EUROPE

- アイスランド、リトラネーズ滝 p48-49
- フィンランド、クオピオ p44-45
- ドイツ、ノイシュバンシュタイン城 p46
- ドイツ、ドレスデン p47
- オランダ、ナールデンの要塞 p40
- チェコ、ゼレナー・ホラの聖ヤン・ネポムツキー巡礼教会 p33
- オランダ、ワイデメレン p41
- フランス、モン・サン・ミッシェル p32
- スロベニア、ブレッド湖 p38-39
- スイス、ゼンティス地方 p42-43
- ルーマニア、マラムレシュ p37
- イタリア、サン・ジミニャーノ p30-31
- クロアチア、プリトビッチェ湖群国立公園 p34-35
- アルジェリア、ティムガッド p23
- マルタ、バレッタ p36
- マリ、グミナ村 p12
- スーダン、聖廟 p16
- セネガル、レトバ湖 p26-27
- マリ、泥のモスク p17
- チャド、サハラ砂漠 p14-15
- エチオピア、アファール低地 p20-21
- 南スーダン、ヌエル族の村 p25
- ケニア、グレート・リフト・バレー p18-19
- ケニア、マガド・クレーター p29
- ケニア、ナトロン湖 p10-11
- ケニア、アンボセリ国立公園 p28
- マダガスカル、ツィンギ・デ・ベマラ国立公園 p24
- マダガスカル沿岸、インド洋 p22
- ジンバブエ／ザンビア、ビクトリアの滝 p13
- ナミビア、ナミブ砂漠 p8-9

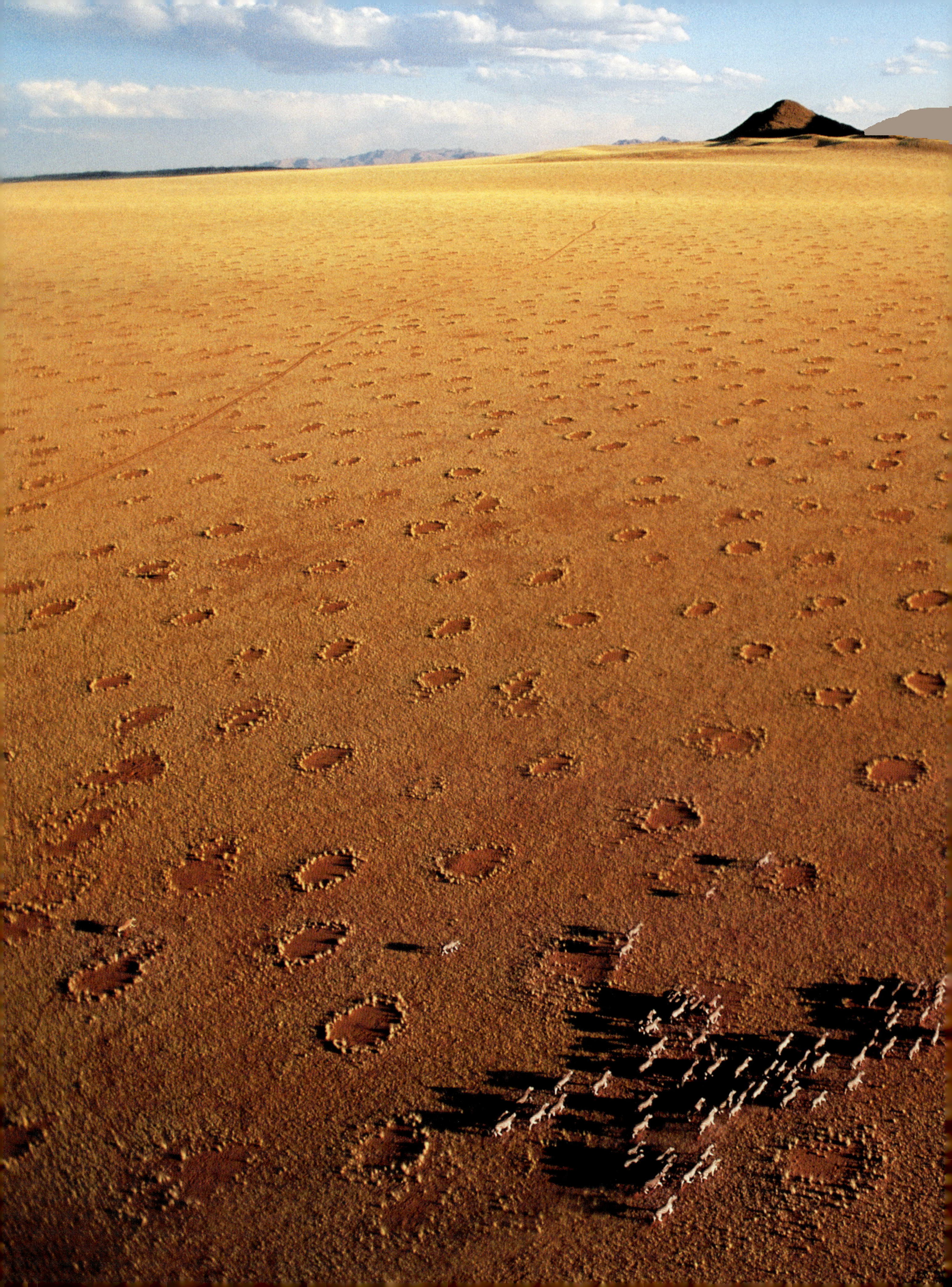

砂漠に出現する妖精の輪
ナミビア、ナミブ砂漠

アフリカ南部最大の自然保護区ナミブランドを移動するシマウマの群れ。このナミブランドを含む総面積約5万平方キロのナミブ砂漠は、約8000万年前に生まれた地球最古の砂漠と考えられており、2013年、ナミビア初の自然遺産としてユネスコの世界遺産に登録された。砂漠の表面を覆う「フェアリー・サークル(妖精の輪)」と呼ばれる輪環状の草は、地中で巣をつくるシロアリの活動でこのようなかたちになると考えられている。

GEORGE STEINMETZ/ National Geographic Creative

真っ赤な湖
ケニア、ナトロン湖

アフリカ大地溝帯の東側、ケニアとタンザニアの国境地帯に広がる塩湖、ナトロン湖。日中の気温が60℃にもなる暑く乾燥した環境のせいで水の蒸発率が高く、周囲の土地から絶えず塩分が流入するため、この湖の水は「ナトロン」と呼ばれる塩分とミネラルの混合物を多量に含み、そのアルカリ性はアンモニアに匹敵するpH9〜10.5にも達する。赤く染まった湖水は、塩分を含んだ湖底の地層に生息する微生物によるもの。季節の変化で水量が増え、塩分濃度が変わると、水の色も変化する。

GEORGE STEINMETZ/ National Geographic Creative

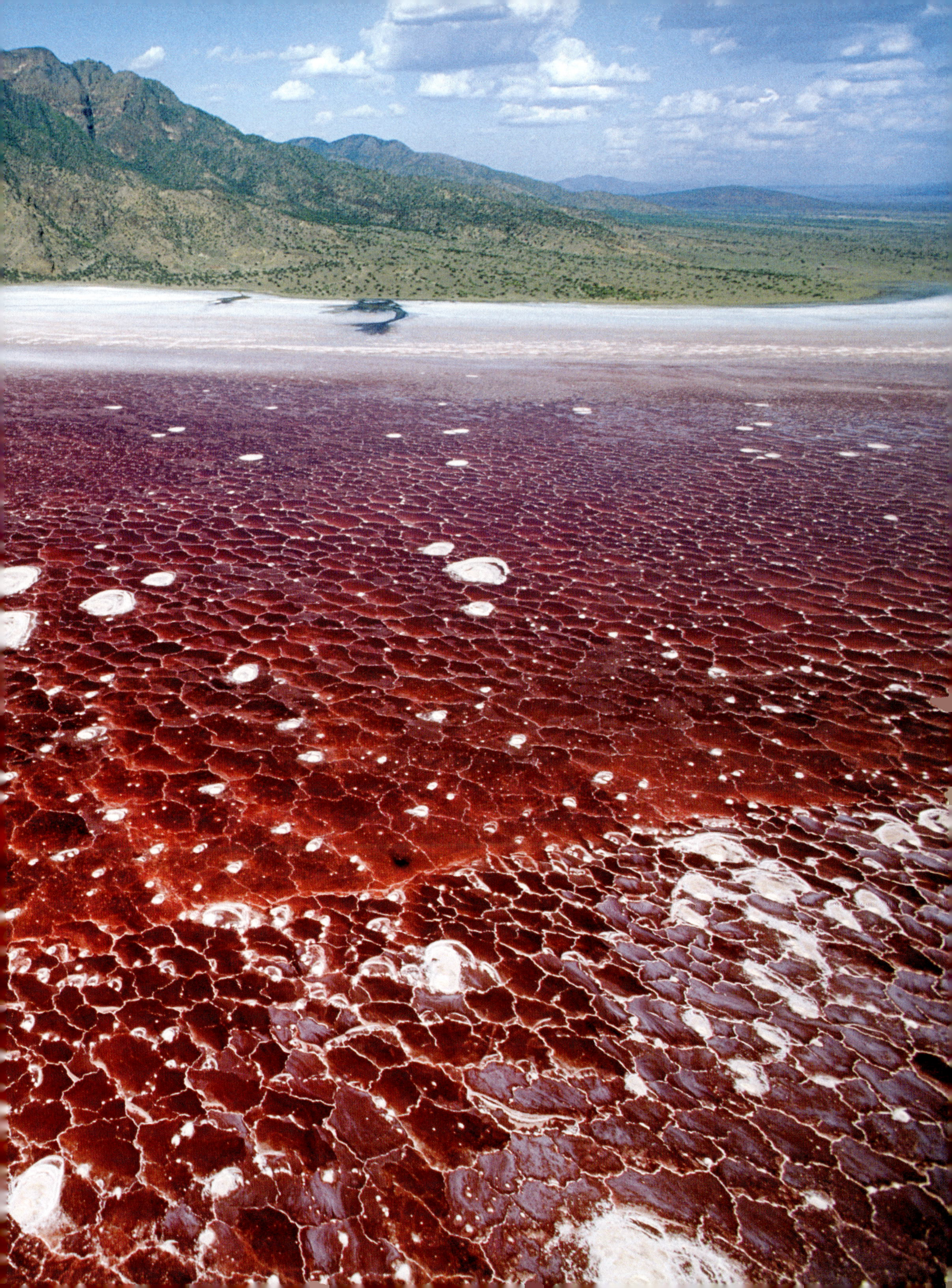

▲ 島のような村
マリ、グミナ

マリ南部を流れるニジェール川に浮かぶ小さな島のような集落、グミナ村。村の住民はこの川に頼って暮らしを立てている。毎年夏、川が氾濫する時期になると村人たちは川の水を田に引き込んでコメを育て、モプチをはじめとする周辺流域の交易地まで収穫したコメを運ぶ。ニジェール川は乾いた西アフリカを4180キロにわたって流れる、重要な水源だ。ギニアの高地に端を発し、マリ、ニジェール、ナイジェリアと4カ国に恵みをもたらす。　　GEORGE STEINMETZ/ National Geographic Creative

▶ 大地を刻んでいく瀑布
ジンバブエ/ザンビア、ビクトリアの滝

ジンバブエとザンビアの国境を流れる世界三大瀑布の1つ、ビクトリアの滝。幅は約1700メートル、落差は約108メートルにも達する。1855年、この滝に到達した英国人探検家が、母国の女王にちなんで「ビクトリアの滝」と命名したが、ユネスコの世界遺産には「轟音とどろく水煙」を意味する現地の言葉「モシ・オ・トゥニャ」の名で登録されている。春の雨期には毎分5400億リットルもの水が流れ落ちて地上500メートルの高さにまで水煙が上がり、30キロ離れた場所からでも確認できる。長い年月をかけて大地の割れ目を少しずつ浸食しながら上流へと移動していることから、この滝は「滝の化石」とも呼ばれている。
David Wall/ PPS

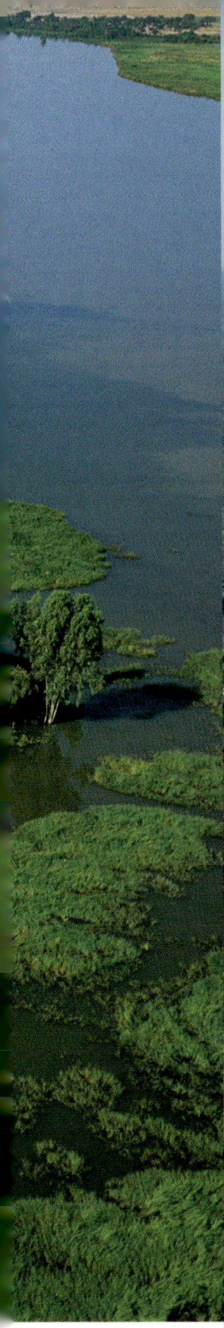
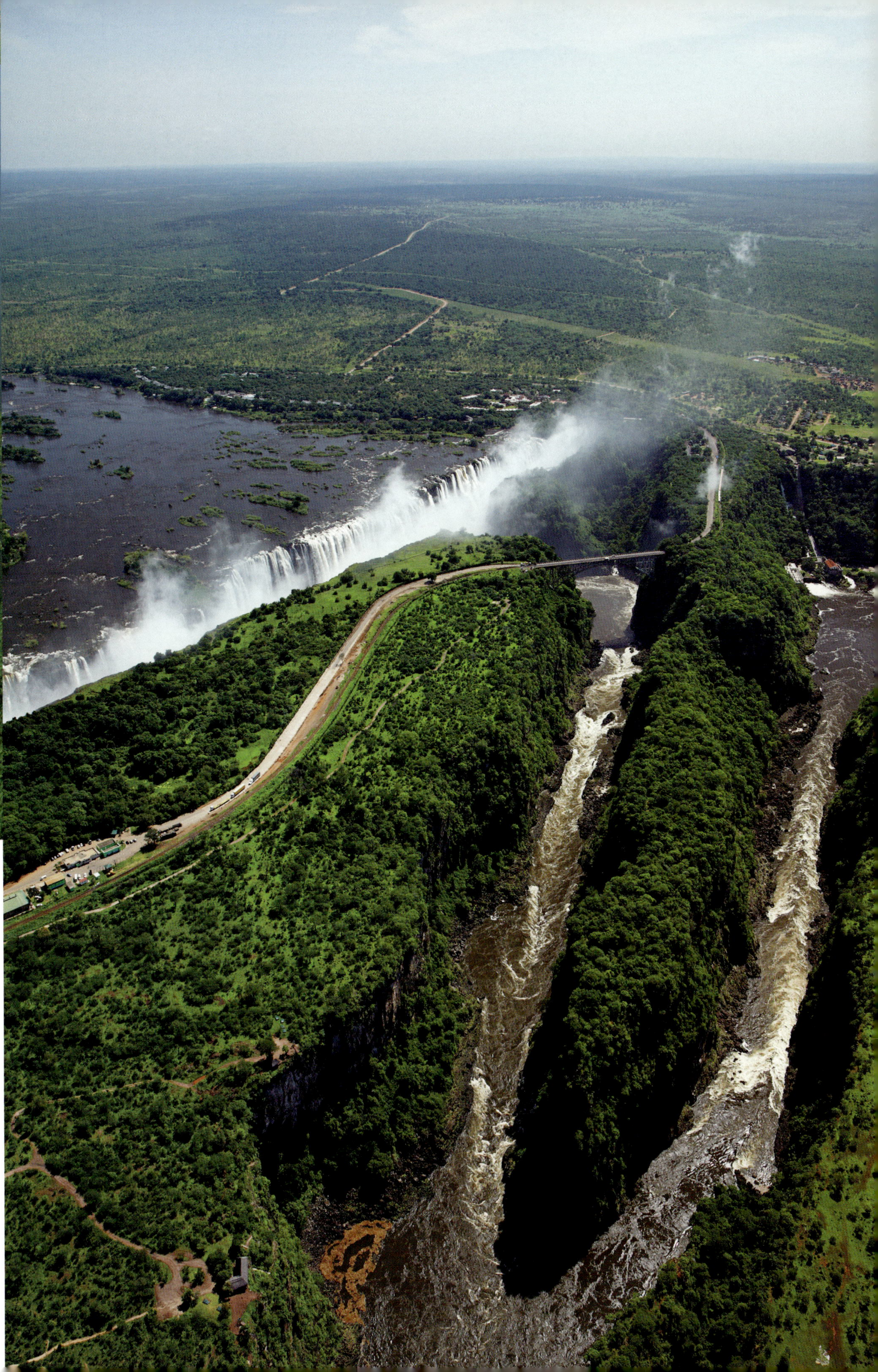

世界最大の砂の海
チャド、サハラ砂漠

サハラ砂漠は、アフリカ北部の東西約5600キロ、南北約1700キロにわたって広がる世界最大の砂漠だ。写真のチャドをはじめ、西のモロッコからアルジェリア、リビアを経て、東のエジプト、スーダンまで、アフリカ北部の11カ国を含むこの砂漠の総面積は約1000万平方キロ、実にアフリカ大陸の3分の1を占める。この写真を撮影したジョージ・スタインメッツは、ナショナル ジオグラフィック誌で、世界各地の空撮写真を撮影している。　　　　GEORGE STEINMETZ/ National Geographic Creative

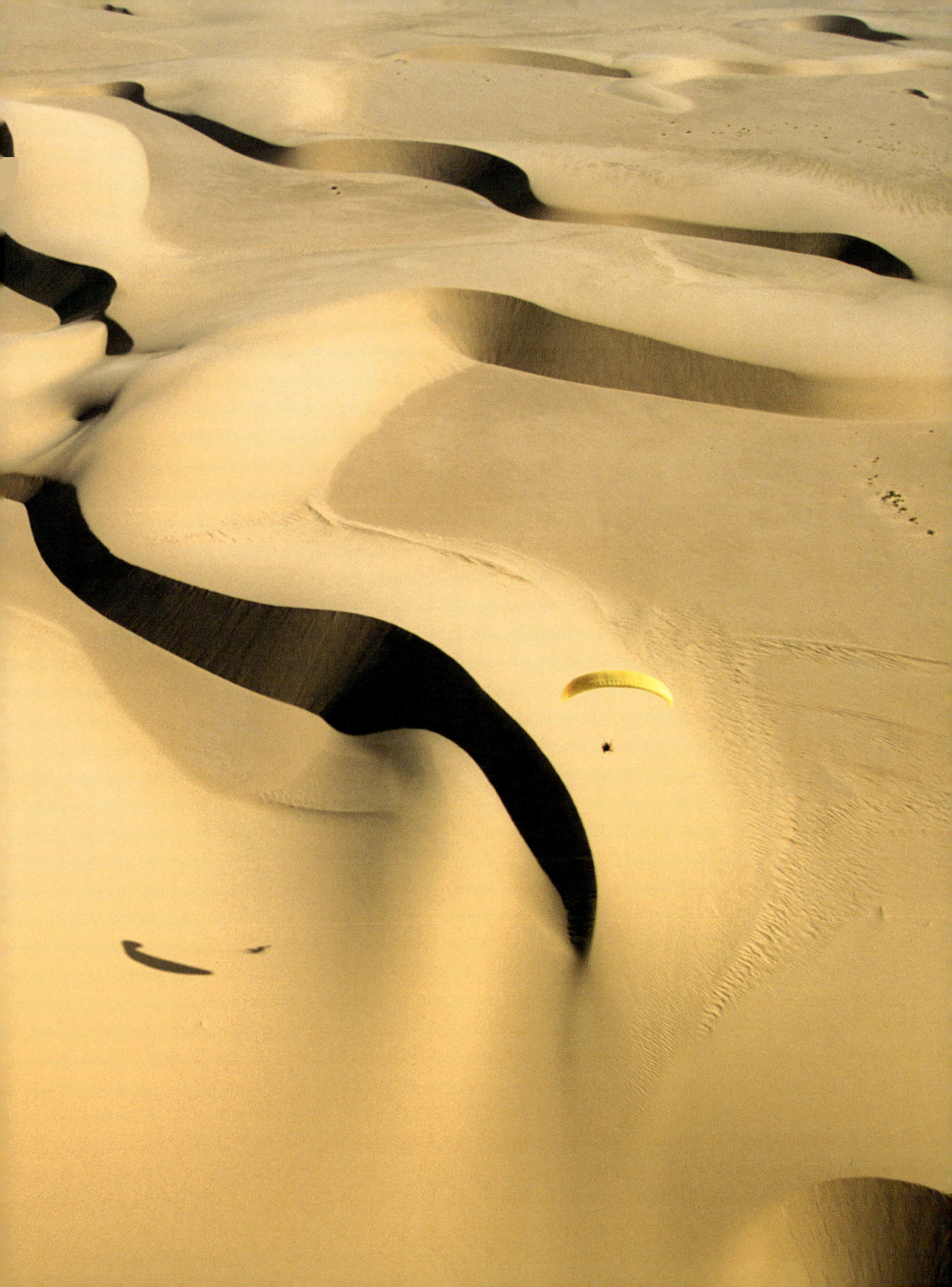

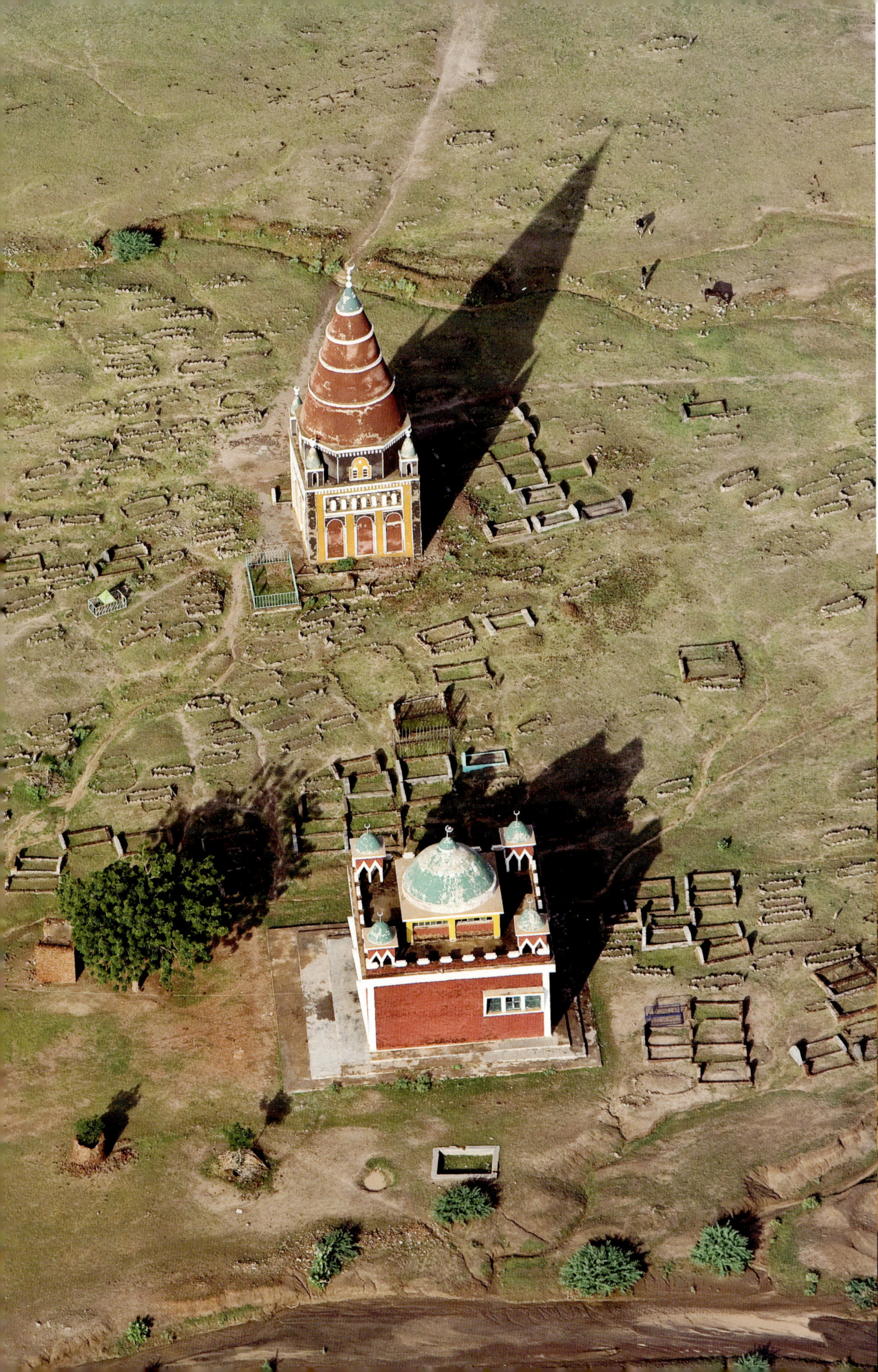
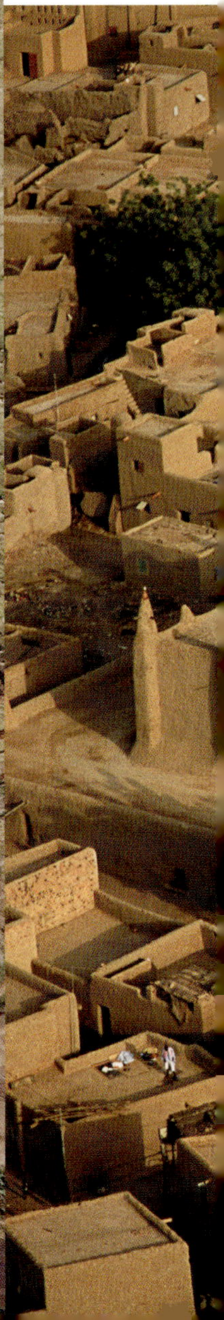

◀ とんがり屋根の聖廟
スーダン、ハルツーム南部

ハルツーム南部、青ナイル川流域のアブ・ハラズ周辺の砂漠に点在するイスラムの聖廟。この一帯にはこうしたイスラムの聖者ゆかりの聖廟が18ほど残っており、スーフィズム（イスラム神秘主義）を信仰する人びとが毎週金曜日に集まり、「ジグル」と呼ばれる旋回舞を行う。信者たちは憑りつかれたようにこの旋回舞を踊り続けて、神に近づこうとする。

MICHAEL POLIZA/ National Geographic Creative

▼ 泥のモスク
マリ、ジェンネ

世界遺産に登録されたマリの文化遺産、ジェンネ旧市街の広大な広場を見下ろしてそびえる「泥のモスク」。1000本の柱が屋根を支え、1000人のイスラム信徒を収容できるこの壮麗なモスクは、もともとは13世紀末、イスラム教に改宗したジェンネ王コワ・コアンボロが宮殿を解体して建てたものだった。現在のモスクは1907年に建造されたもので、表面の材質には泥が使われているため、毎年住民たちが分担して塗り直しを行っている。先端の白いものはダチョウの卵。

GEORGE STEINMETZ/ National Geographic Creative

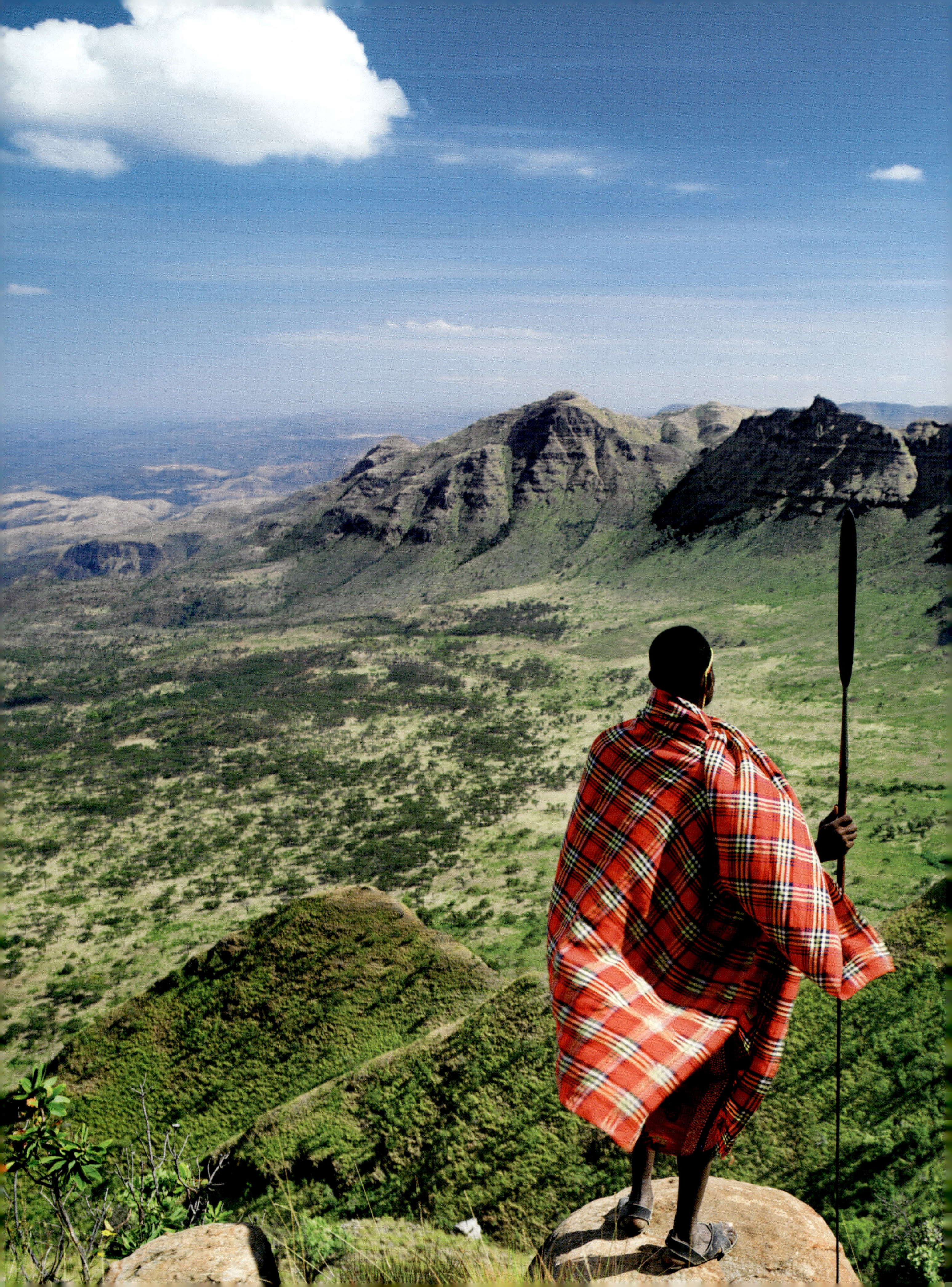

地球の裂け目を見下ろす
ケニア、イシオロ

ケニア中部のイシオロで、グレート・リフト・バレー（大地溝帯）の壮大な景観を眺めるサンブル族の戦士。この大地溝帯は、約1000万〜500万年前、地球内部のマントルの対流の影響で大地が引き裂かれ、沈降した部分だ。高低差が100メートルにおよぶ場所も多い。エチオピアからタンザニアまで、アフリカ大陸を南北に走り、幅は30〜100キロ、総延長は実に約7000キロにも達する。

Nigel Pavitt/ Getty Images

ラクダが運ぶ、世界最低地の塩
エチオピア、アファール低地

3つの構造プレートの交点にあるアファール低地では、アフリカ大陸を引き裂く"地殻の綱引き"が行われている。海抜より116メートルも低いアサレ湖の塩田に到着したラクダに乗った隊商の姿は、まるで旧約聖書のひとこまのようだ。彼らが運ぶ「アモレ」と呼ばれる塩のブロックは、何世紀もの間エチオピア全域で通貨として使われていた。　GEORGE STEINMETZ/ PPS

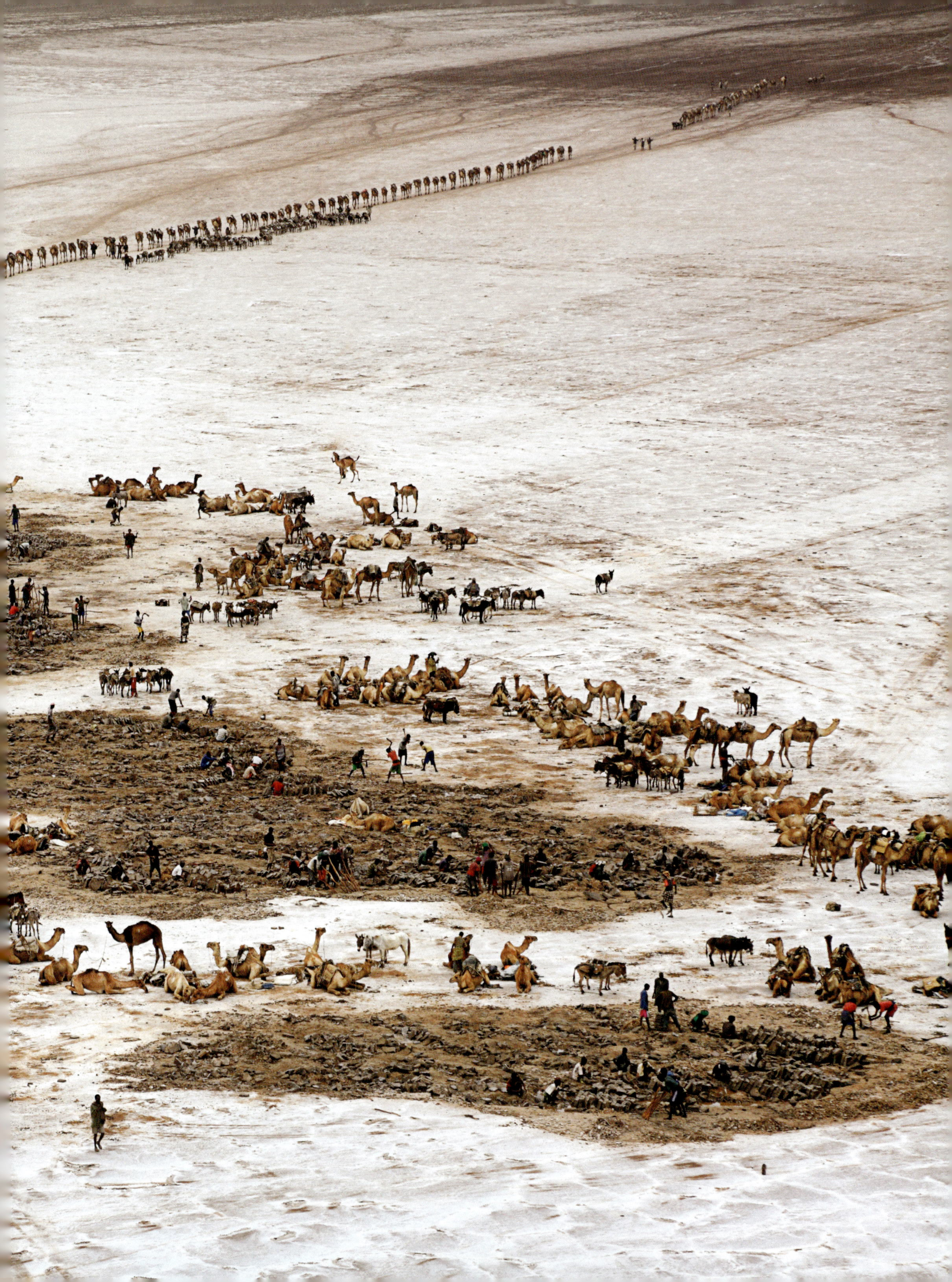

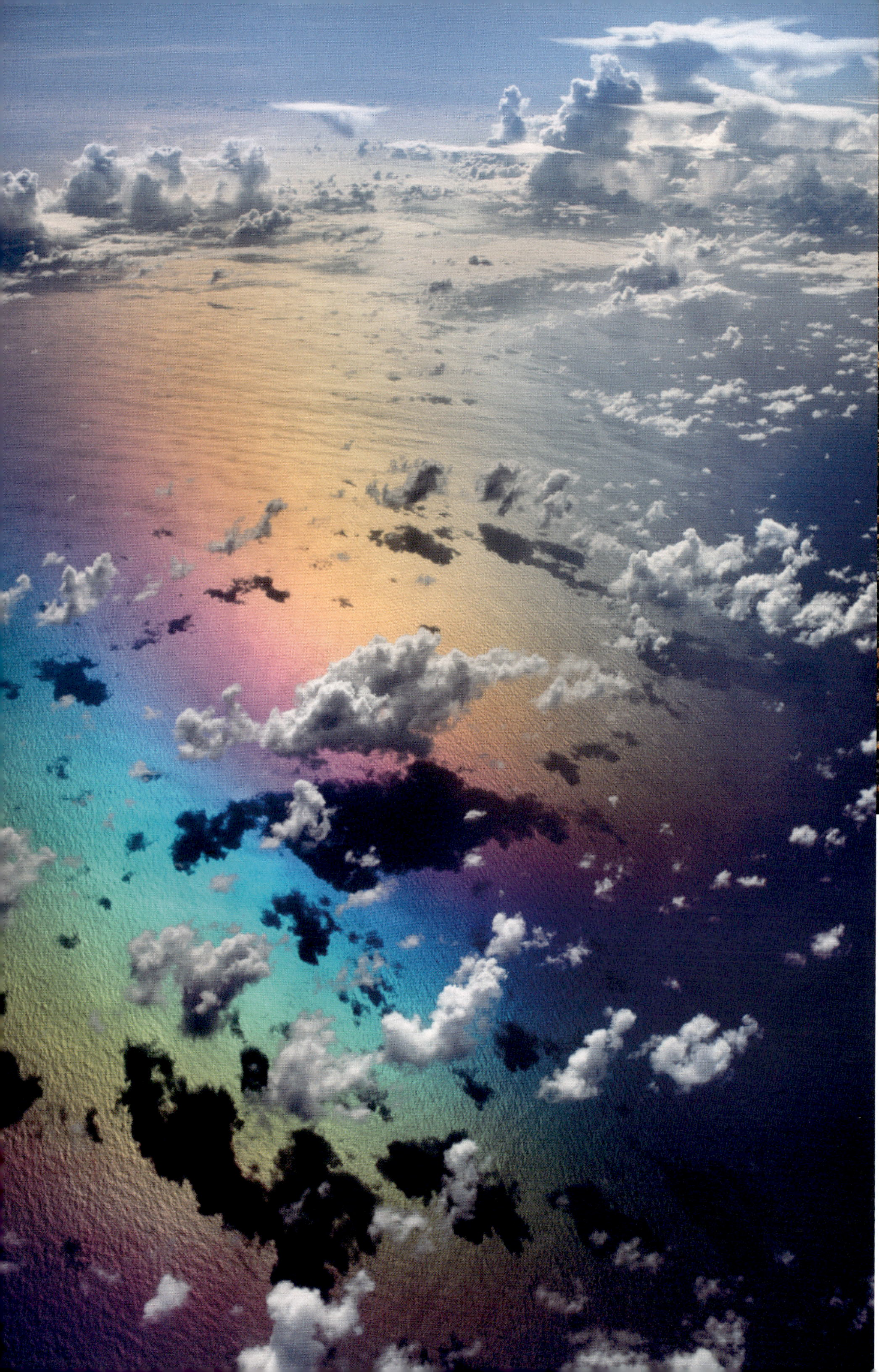
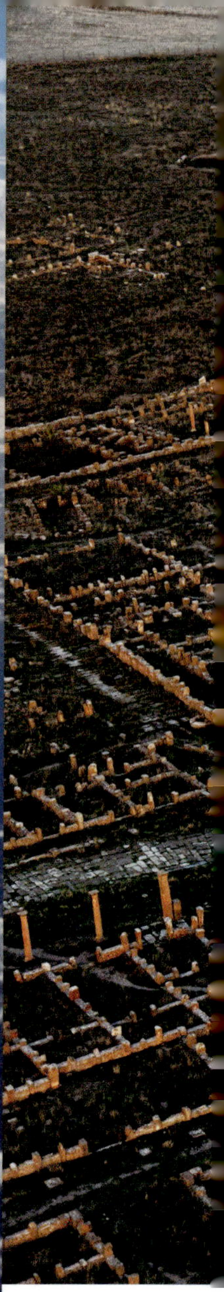

◀ **海に映る虹**
マダガスカル沿岸、インド洋
虹色に輝くマダガスカル周辺のインド洋と、その上空に浮かぶ雲が織りなす色彩のスペクタクル。この写真を撮影したフランス・ランティングは、壮大な景観や荒々しい自然の姿を独自の美意識でとらえる名手として、世界中の多くのネイチャー写真家に影響を与えている。1985年、それまで世界に門戸を閉ざしてきたマダガスカルが世界自然保護基金を招いたとき、ランティングは初めてこの島国を訪れ、その自然美と環境問題を取材撮影した写真家となった。

FRANS LNTING/ National Geographic Creative

▲ **最上のローマ遺跡**
アルジェリア、ティムガッド
北アフリカのアルジェリアに今も残る古代ローマ帝国の植民都市、ティムガッドの遺跡。ローマ流の秩序に従って整然と区画された市街には、広場や市場、儀式用の門、10カ所以上の浴場、図書館、観客3500人を収容できる大劇場などが配置されていた。長い間、砂に埋もれていたことから保存状態がよく「アフリカのポンペイ」とも呼ばれている。古代ローマの都市計画を今に伝える最良の遺跡で、1982年、ユネスコの世界文化遺産に登録されている。

GEORGE STEINMETZ/ National Geographic Creative

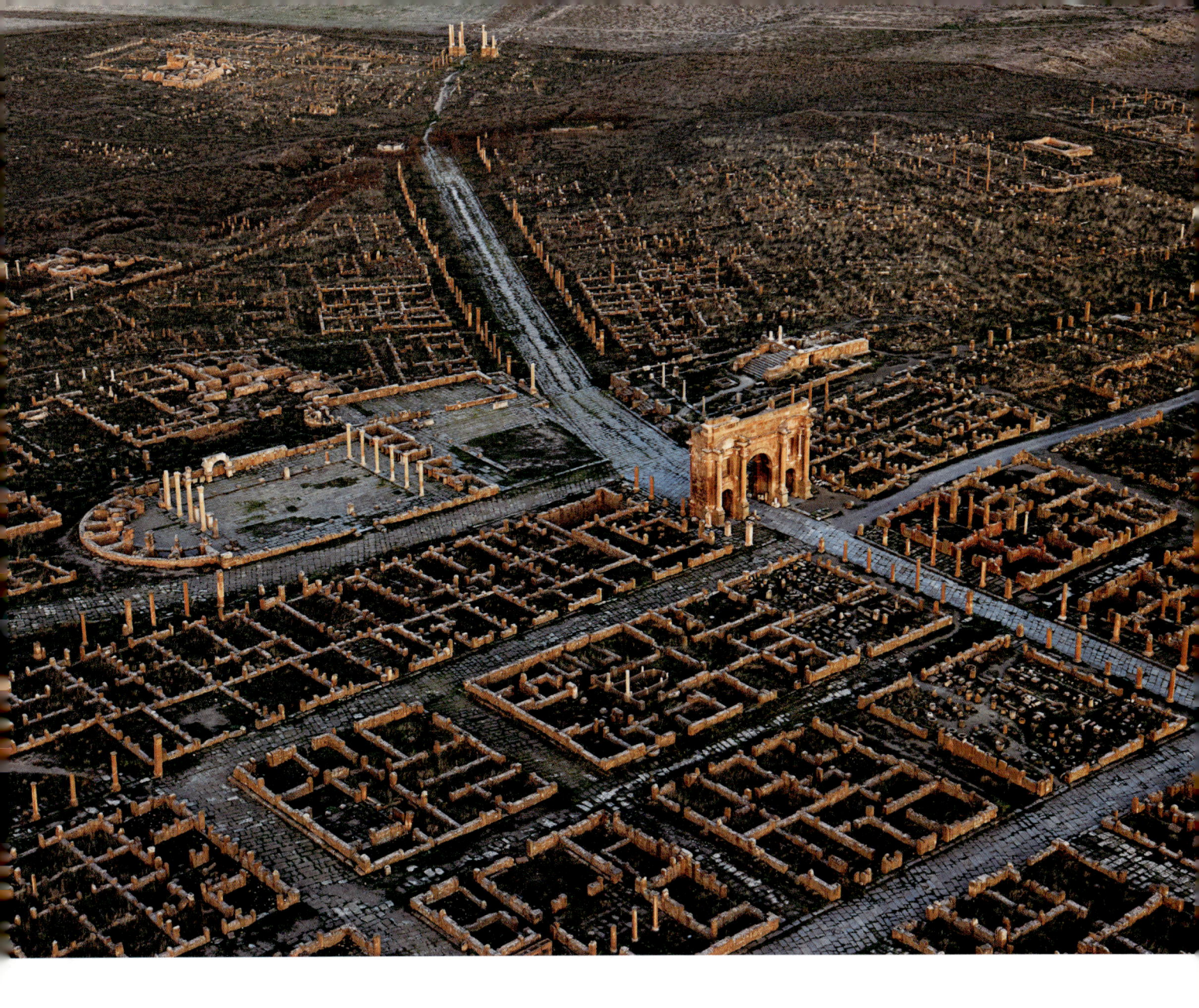

林立する石
マダガスカル、ツィンギ・デ・ベマラ国立公園

マダガスカル島西部のツィンギ・デ・ベマラ国立公園は、ジュラ紀にできた多孔性の石灰岩台地が地下水に浸食されてできた鋭利な岩の尖塔がびっしりとそびえる、太古の岩の"都市"だ。地名の「ツィンギ」とはマダガスカル語で「裸足では歩けない土地」を意味する。この特異な地形のせいで、この土地には人間や植生を食い荒らす家畜が侵入できず、キツネザルの仲間のデッケンシファカをはじめ、希少な動植物が生息する世界有数の生物の宝庫になった。

STEPHEN ALVAREZ/ National Geographic Creative

どんぐりのような家
南スーダン、ジョングレイ

ナイル川流域のバル・エル・ゼラフ地方、伝統的な家と牛の放牧場が見えるヌエル族の村。家は枝で骨組みを組んだあとに編み枝と泥で仕上げている。雨季と乾季で移動する習慣があるため、短期間で作れる家は合理的だ。柵で囲まれた居住域には、人の住居と牛小屋が並ぶ。牧畜民であるヌエル族にとって、ウシは重要な財だ。

GEORGE STEINMETZ/ National Geographic Creative

バラ色の湖
セネガル、レトバ湖
パリ・ダカール・ラリーのゴールとして知られる大西洋沿岸の潟湖、レトバ湖。乾期には湖面が下がり、湖中に生息するバクテリアの影響で水の色があざやかなバラ色に染まることからフランス語で「ラック・ローズ」とも呼ばれている。塩分濃度が海水の10倍ほどもあるレトバ湖は塩の産地としても名高く、バラ色の湖面と沿岸の家並みの間には塩田が白いリボンのように延びている。

Science Photo Library/ Aflo

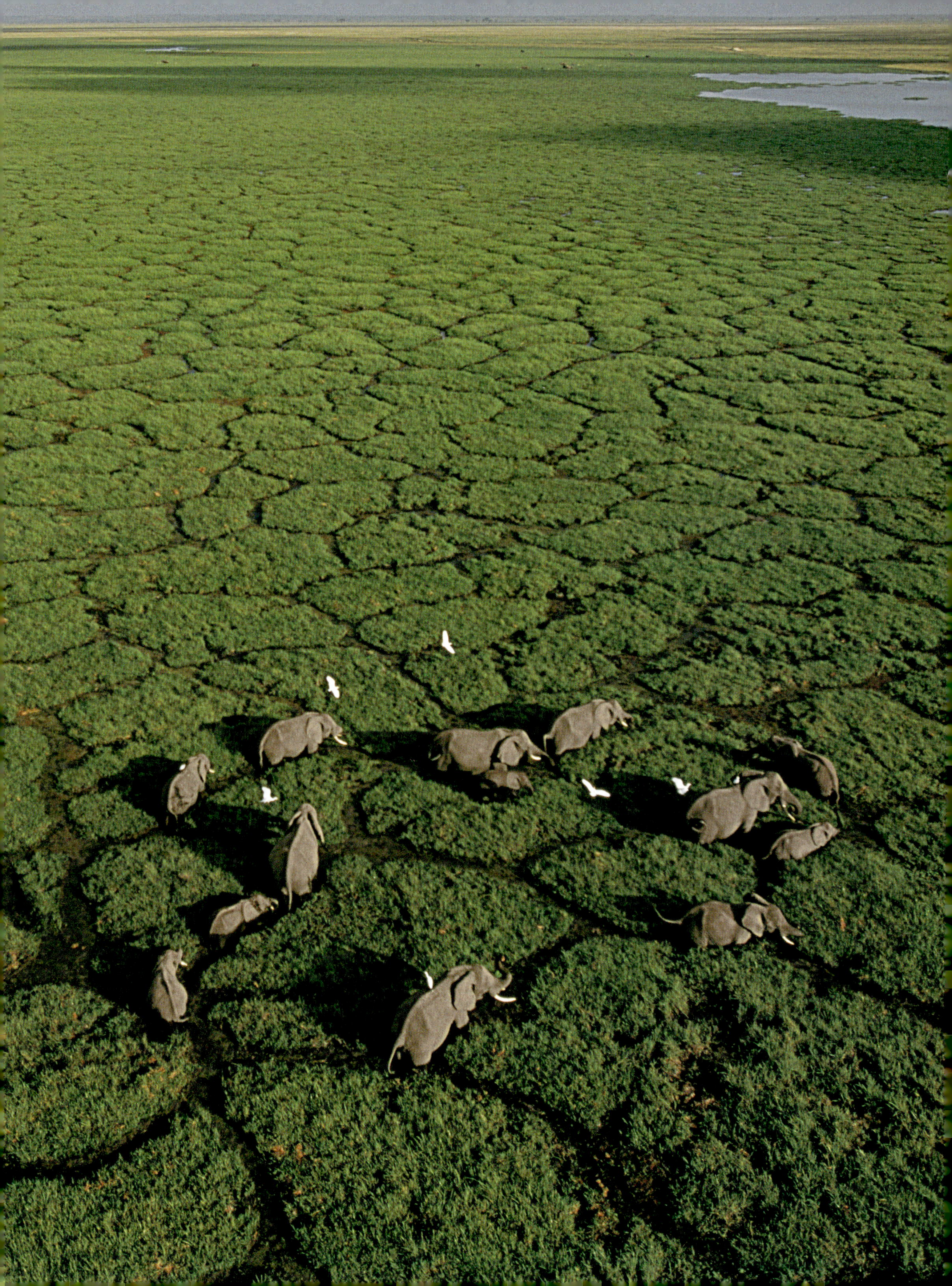

▲ 生活に欠かせない極彩色の湖
ケニア、マガド・クレーター

ニャンベニ山地の北東端にあるマガド・クレーター。クレーターの底にある小さな湖は、地熱で水が蒸発してできたソーダ塩の塊で覆われ、あざやかな色彩のコントラストで彩られた光景が広がっている。地元のメルー地域に暮らす人びとは、古くからこのクレーターを訪れてはソーダ塩を採集し、家畜のウシに水を飲ませてきた。

Martin Harvey/ Getty Images

◀ ゾウの通り道
ケニア、アンボセリ国立公園

ケニアのリフトバレー州、キリマンジャロ山のすそ野に広がるアンボセリ国立公園内の広大な湿地のなかを進むゾウの群れ。地表には、ゾウの移動でできた道がくっきりと刻まれている。もともとこの湿地はキリマンジャロ山の噴火でできたアンボセリ湖が干上がってできたもので、湖は雨期になると現れる。象牙の売買が世界的に禁止されたこともあり、ケニアではゾウの数が急激に増え、生息地が国立公園の外にも広がって、人里の作物を食い荒らすなどの影響が出ている。

GEORGE STEINMETZ/ National Geographic Creative

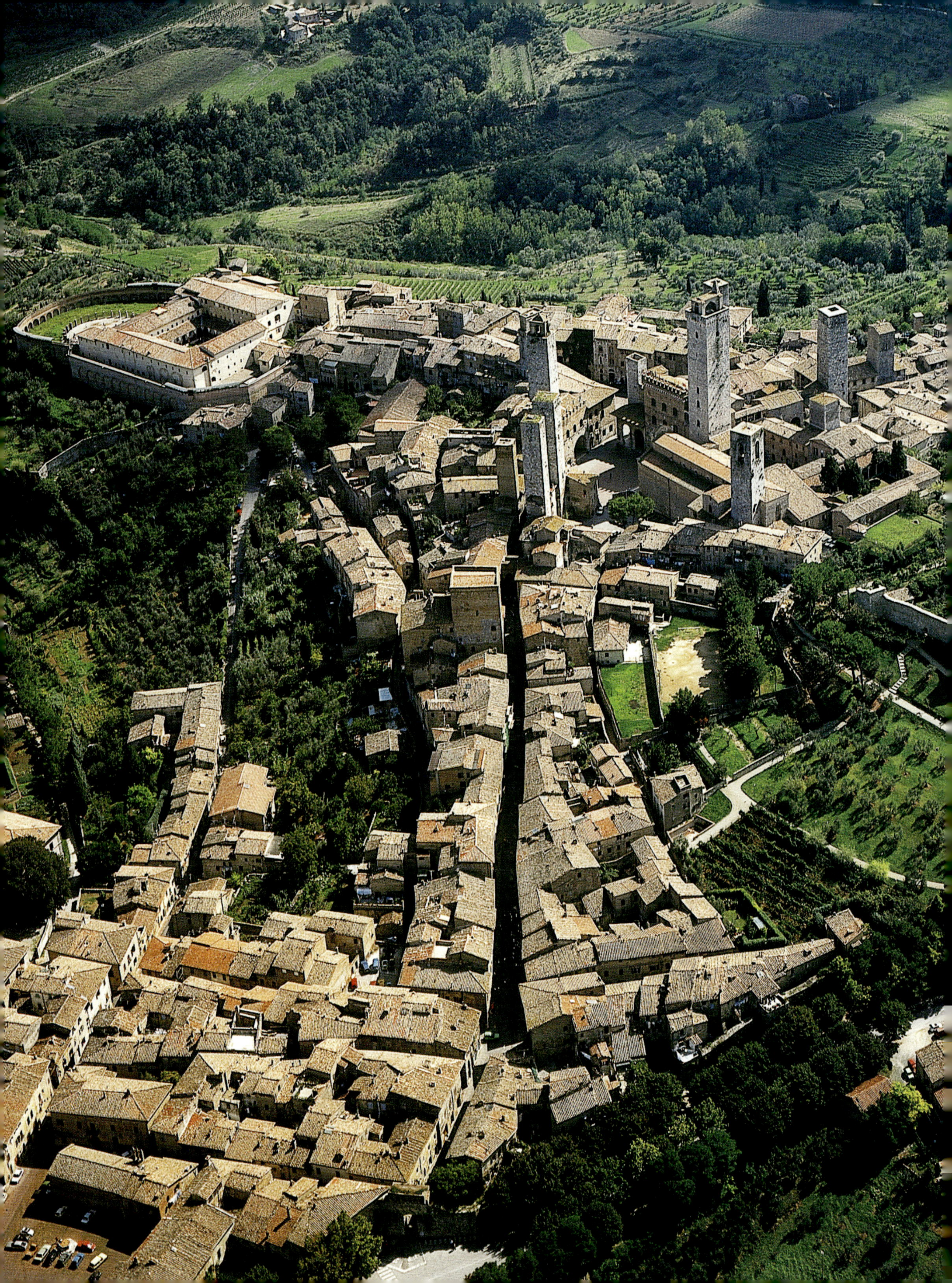

より高い塔を競った山間の町
イタリア、サン・ジミニャーノ

由緒ある石塔が林立する「中世のマンハッタン」、サン・ジミニャーノ。ローマと北方を結ぶトスカーナ地方の交易路の要衝として栄えたこの村の石塔は、12世紀の後半以降、富を誇示する商人たちが競って建造したもので、13世紀の最盛期には72本を数えた。現在は14本だけが残っており、現存する最も高い塔、ロニョーザ塔の高さは58メートルにも達する。1990年にはユネスコの世界遺産にも登録されている。

DeA Picture Library/ Aflo

▲ 小さな島に立つ歴史的修道院
フランス、モン・サン・ミッシェル

欧州でも最も潮の満干の差が激しい海岸の小島にそびえるモン・サン・ミッシェル修道院。欧州屈指のカトリックの巡礼地で、ユネスコの世界遺産（文化遺産）に登録されている。8世紀、大天使ミカエルのお告げを受けて修道院の基礎が築かれ、以降、ロマネスクからゴシックまで、さまざまな建築様式の建物が次々とつけ加えられていった。写真は修道院への入り口が見える島の東側だ。海面から171メートルもある修道院付属の教会の尖塔には聖ミカエル（サン・ミッシェル）の像が立っている。

HEMIS/ Aflo

▶ 星の形の修道院
チェコ、ジュヂャール・ナト・サーザボウ

世界遺産、ゼレナー・ホラの聖ヤン・ネポモツキー巡礼教会。建築家サンティーニ＝アルヘイの設計による、バロック様式とゴシック様式を統合した傑作だ。18世紀、王妃の告解を明かすよう迫られた聖ネポモツキーが王に殺されたとき、ブルタバ川に投げ込まれた遺体の上に星が5つ輝いた伝説に由来して、5という数字が設計の基本となっている。中心の聖堂は五芒星の形をしており、回廊には五角形の礼拝堂が正五角になるように配置され、門も祭壇も5つある。

Berger Jiři/ PPS

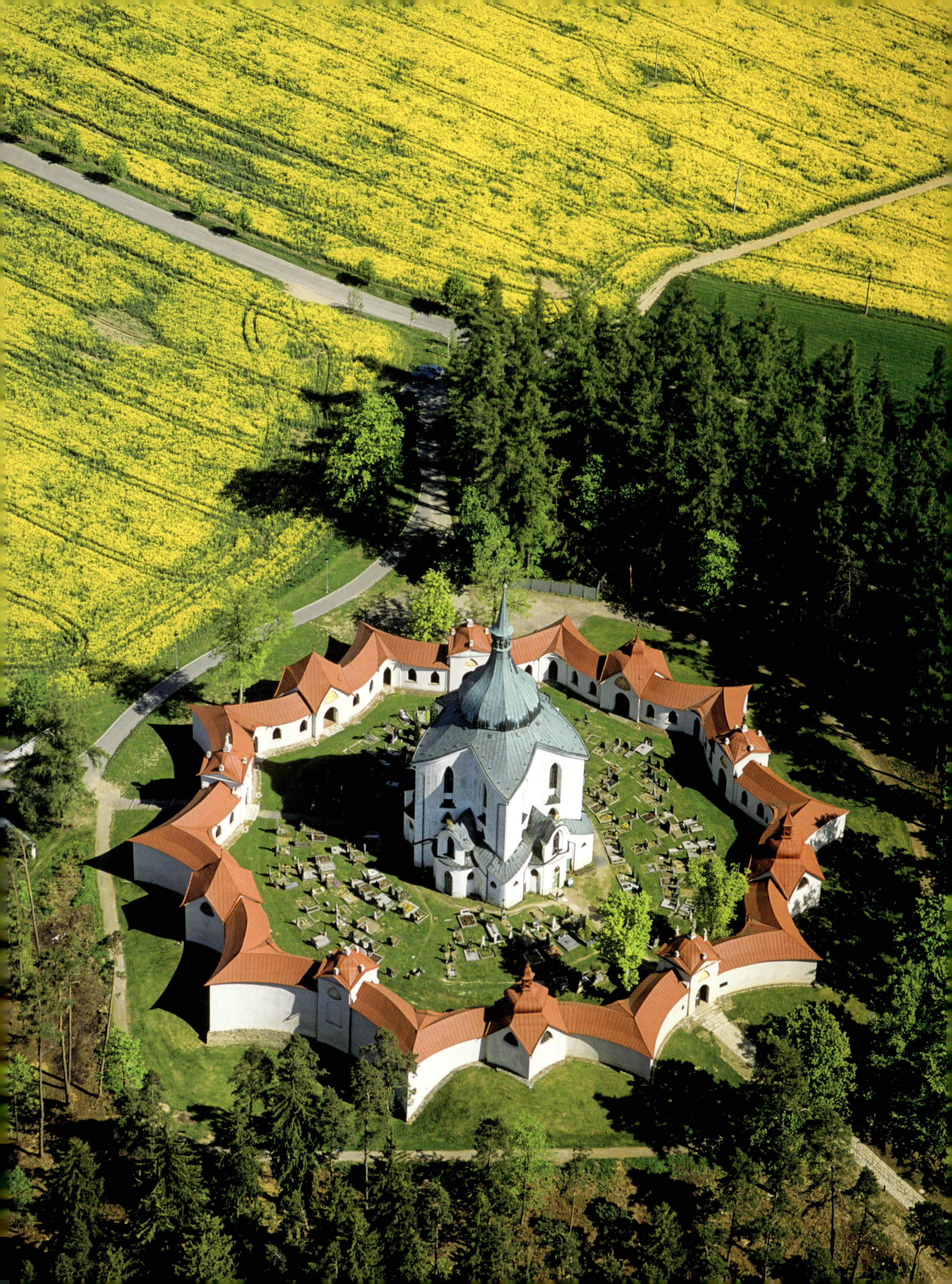

豊かな自然に恵まれた国立公園
クロアチア、プリトビッチェ湖群国立公園
20世紀末、悲惨なユーゴスラビア紛争の末に独立を果たしたクロアチア最大の国立公園、プリトビッチェ湖群。全長8キロの水流で結ばれた16の湖は、92もの滝と繊細な植物、長い時間をかけて石灰化したコケや藻で美しく彩られている。光線の当たり方や水中のミネラルと有機物の組成により、湖面はエメラルドグリーンから青へ、青から灰色へと、幻想的に色合いが変化する。その豊かな自然景観のゆえに、1979年、ユネスコの世界遺産（自然遺産）に登録されている。

Artur Bogacki/ Getty Images

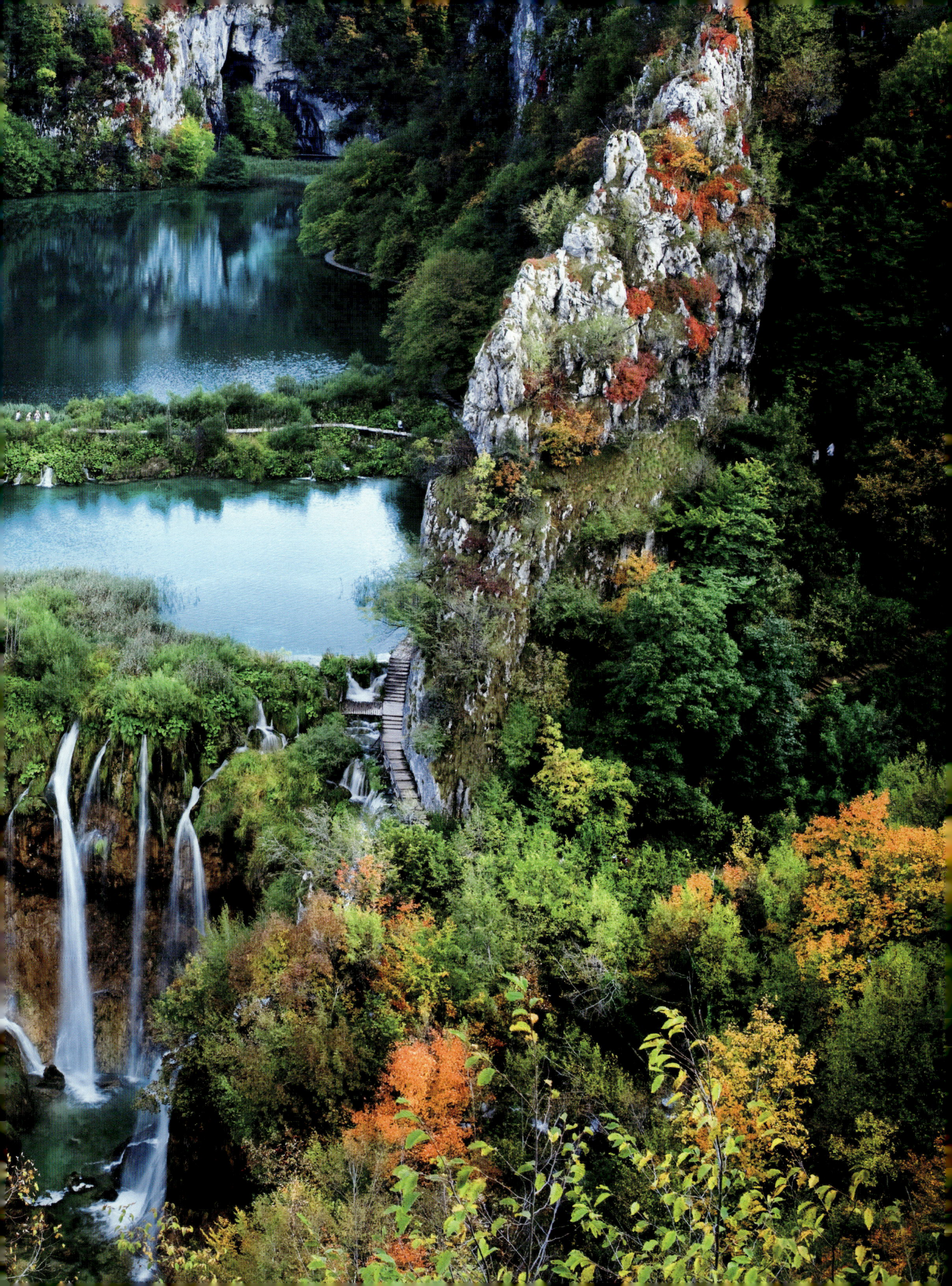

▲ 騎士団が守った中世の街並
マルタ、バレッタ

地中海、シチリア島の南に浮かぶマルタ島は、16世紀にロードス島を追われた聖ヨハネ騎士団（のちのマルタ騎士団）の所領になった。オスマン帝国の侵攻を受けて強固な城塞で囲んだため、中世の街並みがそのまま残ることになり、現在では世界遺産に登録されている。先端に見えるのは当時の猛攻を耐えた聖エルモ砦。中央の大きなドームはカーマライト教会、写真右手の大きな建物は、現在も大統領府として使用されている騎士団長の宮殿だ。

Thomas Pullicino/ Getty Images

▶ 伝統の木造教会
ルーマニア、マラムレシュ

ルーマニア北部マラムレシュ地方のブルサナの木造教会。森林資源が豊富なルーマニアには、木造建築の伝統が広く残っている。特に中欧の古い伝統が今も息づき、ひなびた雰囲気に包まれたこの県には、60数棟ものルーマニア正教会の木造教会が現存し、そのうち6棟が世界遺産に登録されている。ただし、現存するものはほぼ、タタール人の最後の襲来（1717年）以降に建てられたものだ。

Georg Gerster/ PPS

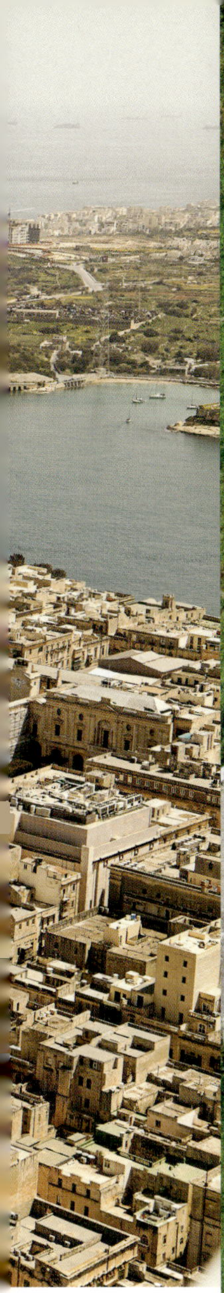

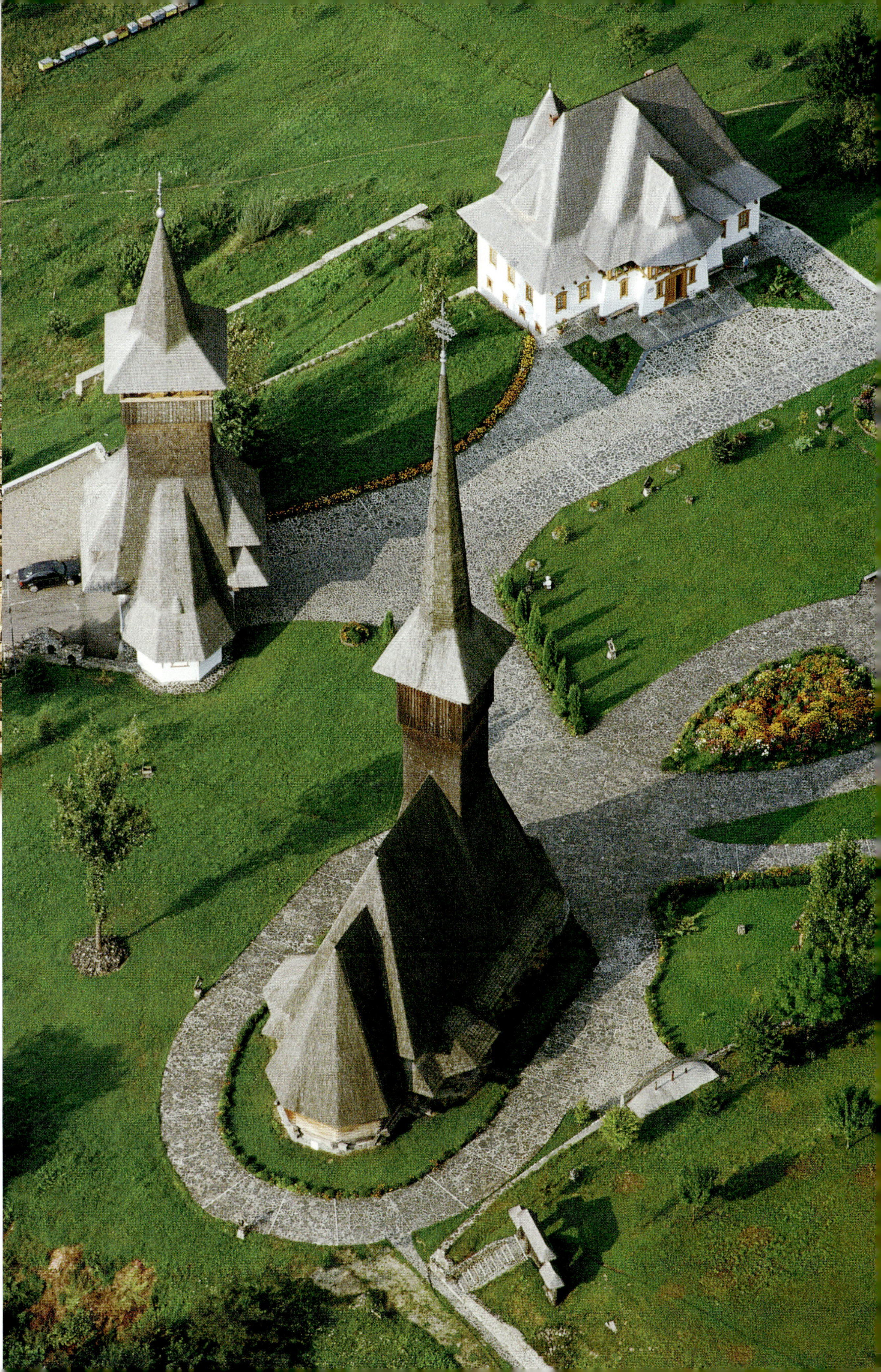

湖の中央に立つ修道院
スロベニア、ブレッド湖

スロベニア北西部にそびえる雄大なアルプスの山並みに抱かれ、宝石のように輝くブレッド湖。最終氷河期に氷河から解けだした清らかな水をたたえる、スロベニアきっての観光地であるこの湖の中央には、小島がぽつんと浮かび、もともとは12世紀に創建されたバロック様式の聖マリア修道院が立っている。

joste_dj/ Getty Images

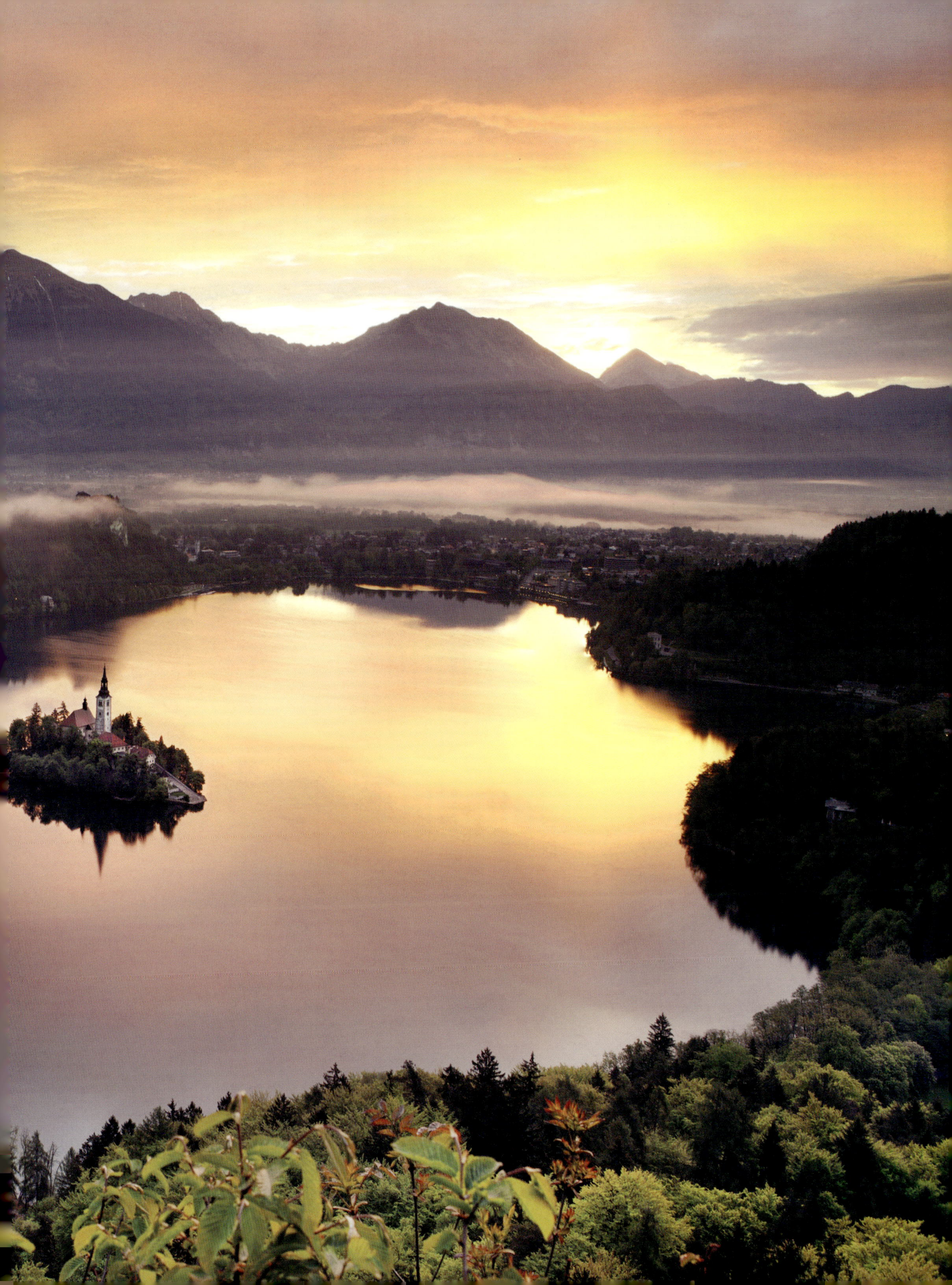

17世紀の要塞がそのまま残る
オランダ、ナールデン

アムステルダムの南東約20キロ、北ホランド州の干拓地にそびえる星形要塞都市、ナールデン。防壁と濠に囲まれたこの典型的な星形要塞は、オランダの防衛線である「新洪水線」において重要な役割を果たした。攻めにくく守りやすい、死角のない形状をした星型要塞は、15世紀にイタリアで発達し、函館の五稜郭をはじめ世界各地で築かれたが、ナールデンほど保存状態がよく、防壁と濠が建設当時のままの姿で残っている星形要塞も珍しい。　FARRELL GREHAN/ National Geographic Creative

極限まで狭い土地に立つ家
オランダ、ワイデメレン

過去1000年近く、たび重なる洪水被害に遭いながらも、干拓によって低い国土を広げてきたオランダ。1953年の大洪水によって1800人以上の被害者を出した教訓から、この国は世界で最も綿密で高度な洪水対策システムを築いてきた。水面にかろうじて露出している幅の狭い陸地を、別荘地として利用するなど、オランダは低い国土を巧みに利用する知恵を発達させてきた。

GEORGE STEIMETZ/ National Geographic Creative

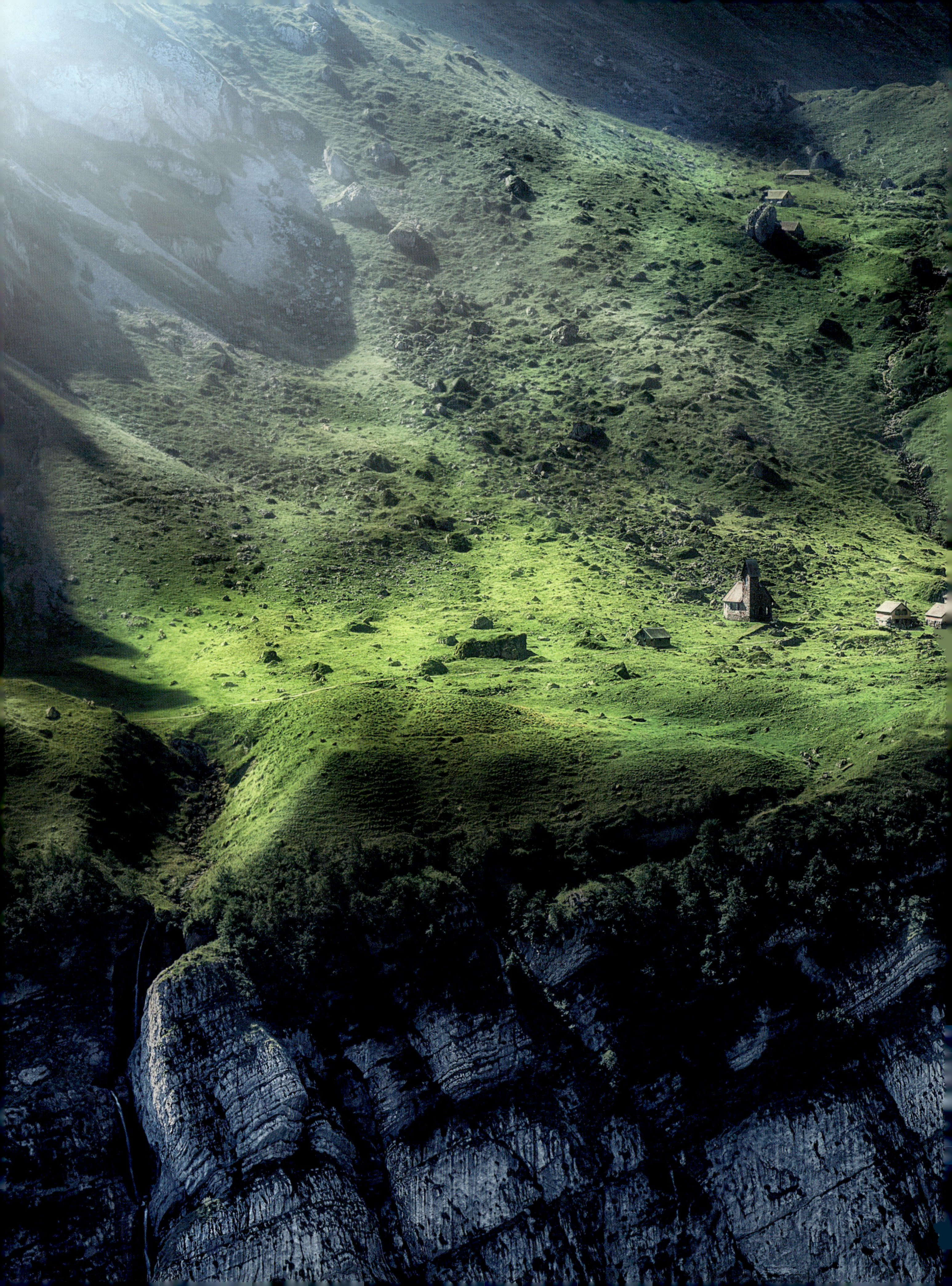

アルプスの断崖
スイス、ゼンティス地方
スイス北東部、ドイツとオーストリア、リヒテンシュタインとの国境に近いゼンティス地方の村。急峻な断崖の上にひっそりと集まった村のたたずまいは、アルプスの高峰に抱かれたこの国の景観を象徴するかのようだ。最高峰モンブランを中心に、欧州大陸を東西に横切るアルプス山脈は、約3000万年前に欧州大陸とアフリカ大陸が衝突し、盛りあがって生まれたものだ。
John Wilhelm is a photoholic/ Flickr/ Getty Images

北欧の長い冬
フィンランド、クオピオ

美しく雪化粧したフィンランド中部クオピオ郡の森でスキーを楽しむ人びと。フィンランド、ノルウェー、スウェーデンの北欧三国は、いずれも国土の北側が北極圏に属しており、冬には南部でも気温が氷点下になることがある。いっぽう6〜8月の盛夏は白夜のシーズンで、夜になっても太陽がほとんど沈まない。また秋から冬にかけて夜空が暗くなると、晴れた夜にはオーロラが現れる。

Anna Rutkovskaya/ Getty Images

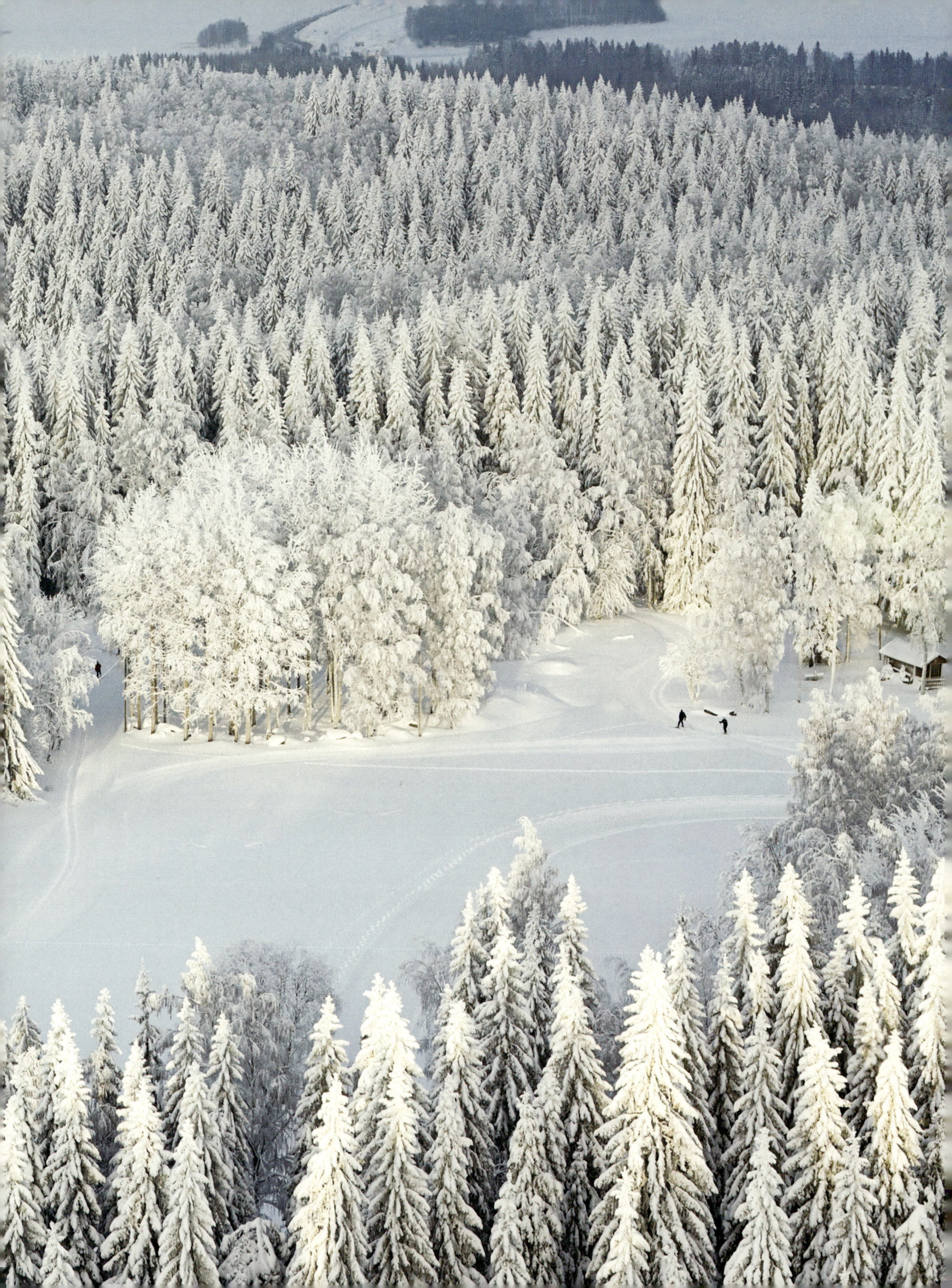

▲ 悲劇の王の夢のお城
ドイツ、フュッセン近郊
オーストリアとの国境に近いドイツ南部バイエルン州の丘陵にそびえる、ノイシュバンシュタイン城の霧に包まれた幻想的な風景。ロマンチック街道の終点としても知られるこの城は、19世紀、「狂王」の異名をもつ美貌のバイエルン国王ルートヴィヒ2世が建てたものだ。ルートヴィヒ2世はワーグナーの音楽をこよなく愛し、彼を宮廷に招いた時期もあるが、奇行を続けたために廃位に追い込まれ、シュタルンベルク湖で謎の水死を遂げた。
SeanPavonePhoto/ Getty Images

▶ クリスマスマーケットのにぎわい
ドイツ、ドレスデン
ドイツ東部の中心都市、ドレスデンのクリスマスマーケットの夜のにぎわい。ドイツをはじめ、オーストリアやチェコなど、中欧の都会や村の広場では、毎年12月になるとクリスマスの到来を告げる市が立ち、ソーセージ（ブルスト）やお菓子のジンジャーブレッドなど、さまざまな食品のスタンドが立ち並んで、おとぎの国のようなきらびやかな世界が出現する。とりわけドレスデンのクリスマスマーケットは古い歴史を誇り、500年以上も前から続いている。
ZU_09/ Getty Images

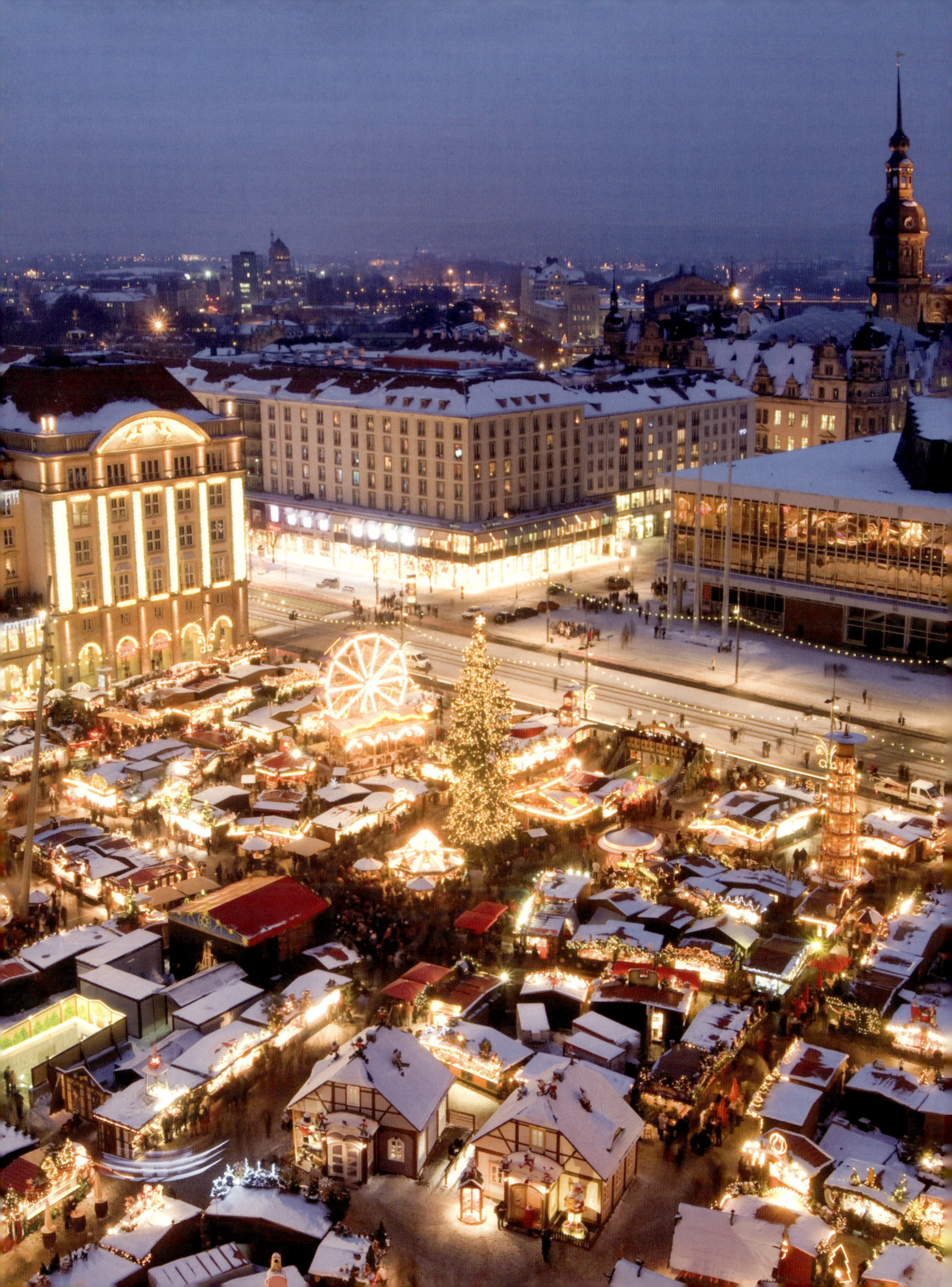

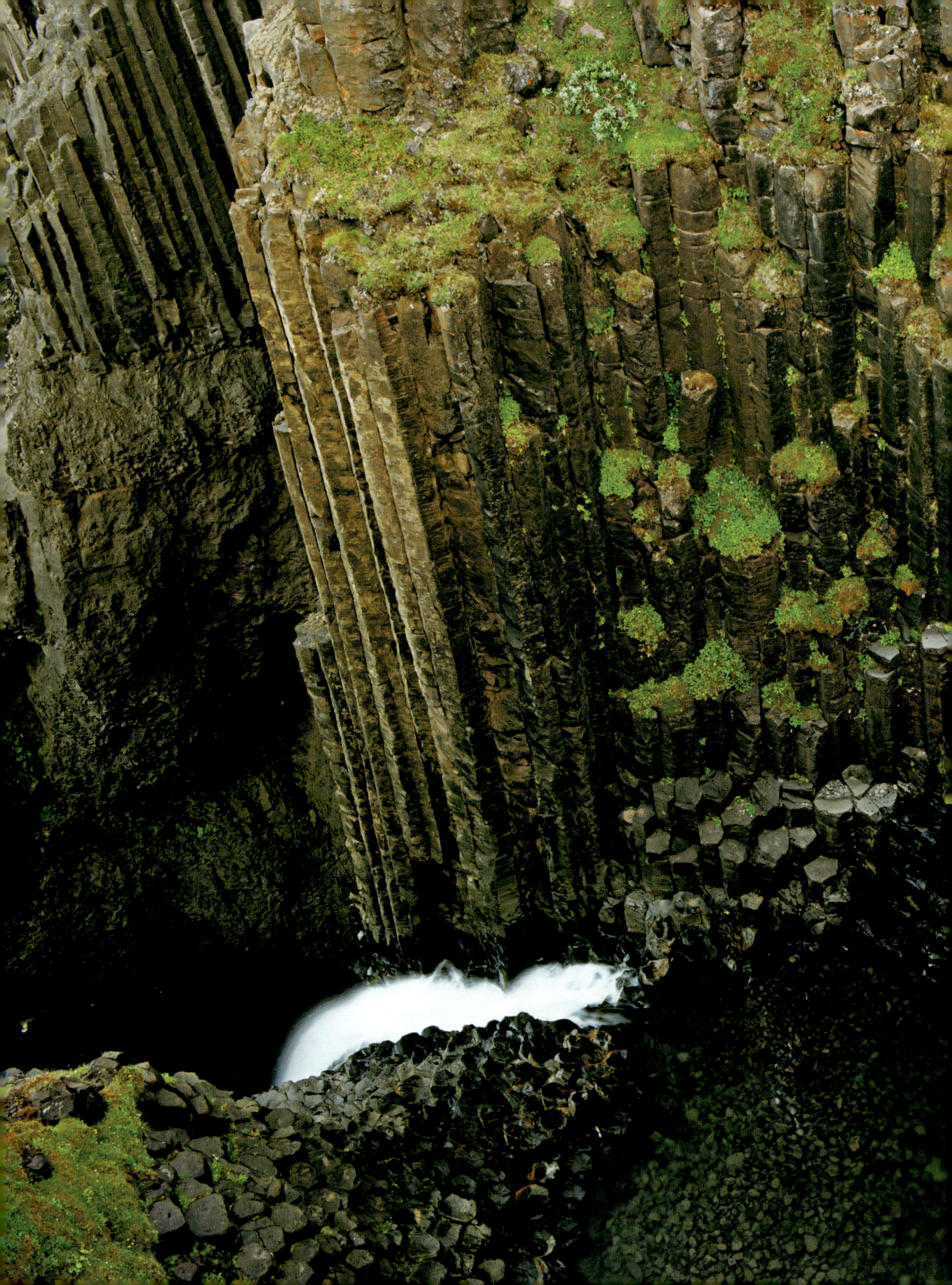

奇観の宝庫アイスランド
アイスランド、リトラネーズ滝
冷えて柱状に固まった太古の溶岩流から流れ落ちる、アイスランド東部リトラネーズ滝。「火山と氷河の国」アイスランドは、約1600万年前、火山活動によって北大西洋上に出現した。また300万年前から、この島では氷河が拡大と後退を繰り返してきた。近年は後退が加速しているが、標高の高い火山はまだ氷に覆われていて、火山が噴火するとその上の氷が熱で解けて洪水が起きる。　ORSOLYA HAARBERG/ National Geographic Creative

過酷な地に立つ木造教会
ロシア、キジ島

フィンランドとの国境に近い、ロシア連邦カレリア共和国のオネガ湖に浮かぶキジ島。長さ約7キロ、幅約500メートルのこの細長い島は、16世紀に起源をもつロシア正教の美しい木造教会建築群が残っていることで名高い。1960年、島全体が木造建築の特別保存地区に指定され、ロシア全土から数多くの木造建築が移築された。これらの木造建築群は、1990年、ユネスコの世界文化遺産に登録され、ロシア有数の観光地になっている。

SIME/ Aflo

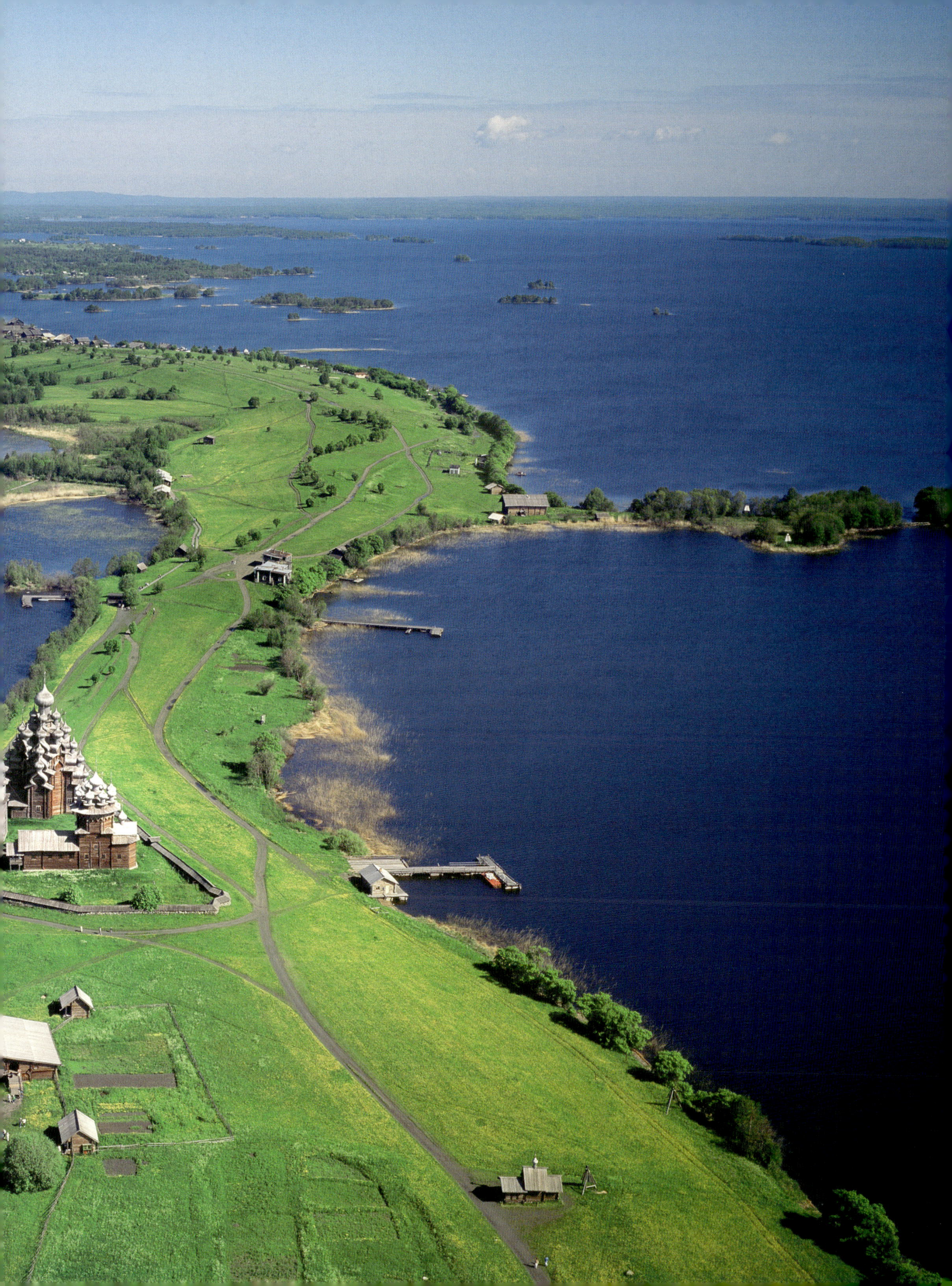

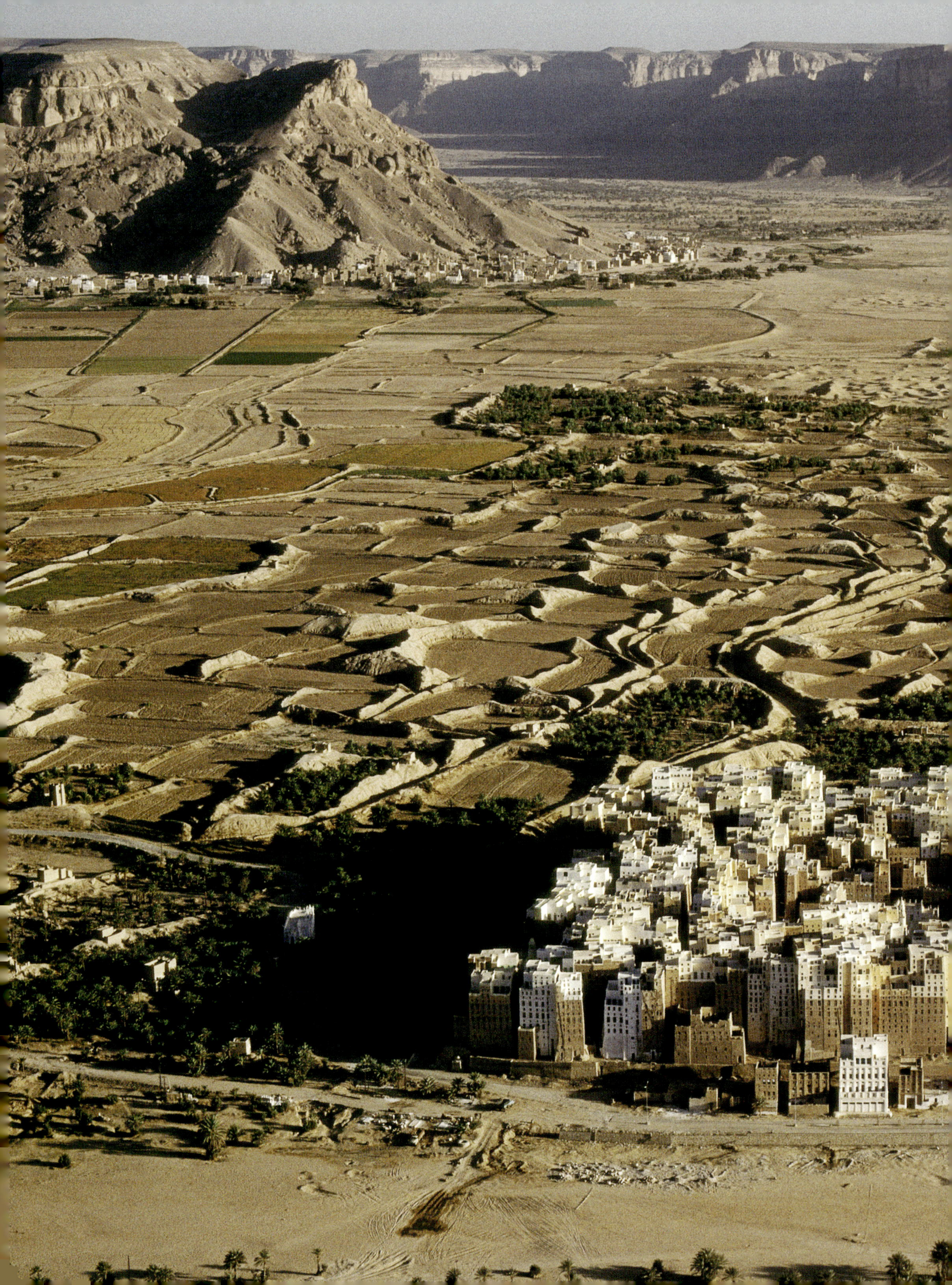

砂漠の高層住宅
イエメン、シバーム

旧約聖書に登場するシバの女王にさかのぼる、古い歴史を誇るアラビア半島南端の国、イエメンのシバームにそびえる「砂漠のマンハッタン」。高さが36メートルにも達する、日干しレンガを積んだ5〜9階建てのこの城壁都市は、洪水と遊牧民の襲来から守るために建てられたもので、同様の高層建築が立ち並ぶ首都サヌアの旧市街とともに世界最古の町といわれ、ともにユネスコの世界遺産に登録されている。

GEORGE STEINMETZ/ National Geographic Creative

▲ 砂漠のなかの豪華な摩天楼
アラブ首長国連邦、ドバイ
中東世界を代表するメトロポリス、ドバイ首長国の首都ドバイのきらびやかな夜景。有名な高層ビル、ブルジュハリファの足下には高級住宅や商業施設から立ち並び、写真の池では世界最大の噴水ショーがおこなわれている。林立する高層ビルの周囲には砂漠が広がっている。1966年のドバイ沖の海底油田の発見がその後のドバイの大発展の基盤となり、21世紀に入ってからは、中東における貿易と商業の中心地としての地位を確立した。

eli_asenova/ Getty Images

▶ 奇岩の大地
トルコ、カッパドキア
三角形の奇岩が林立する、カッパドキアの風景。奇岩群は人工物のようにも見えるが、実は太古の火山活動で堆積した溶岩の大地が浸食されてできた自然の景観だ。この地には、2世紀ごろから初期キリスト教の修道士たちがやって来て、奇岩に洞窟をうがち、俗世を離れて禁欲的な生活を送った。やがてこの地がイスラム教徒に脅かされるようになると、修道士たちはギョレメと呼ばれる地下都市を築き、この地下都市に暮らした。現在、ギョレメは国立公園に制定され、1985年には世界遺産に登録されている。

Aflo

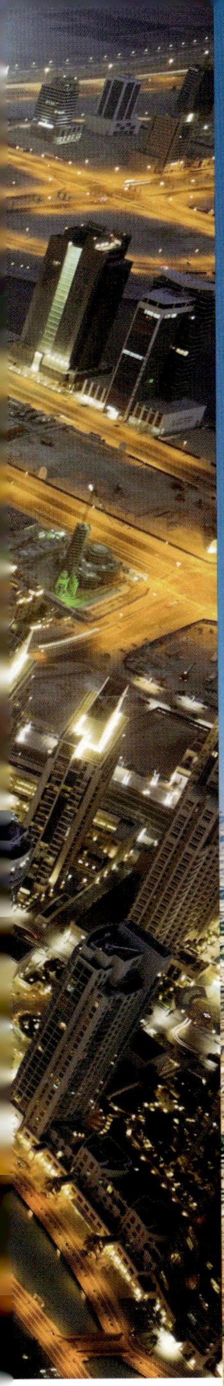

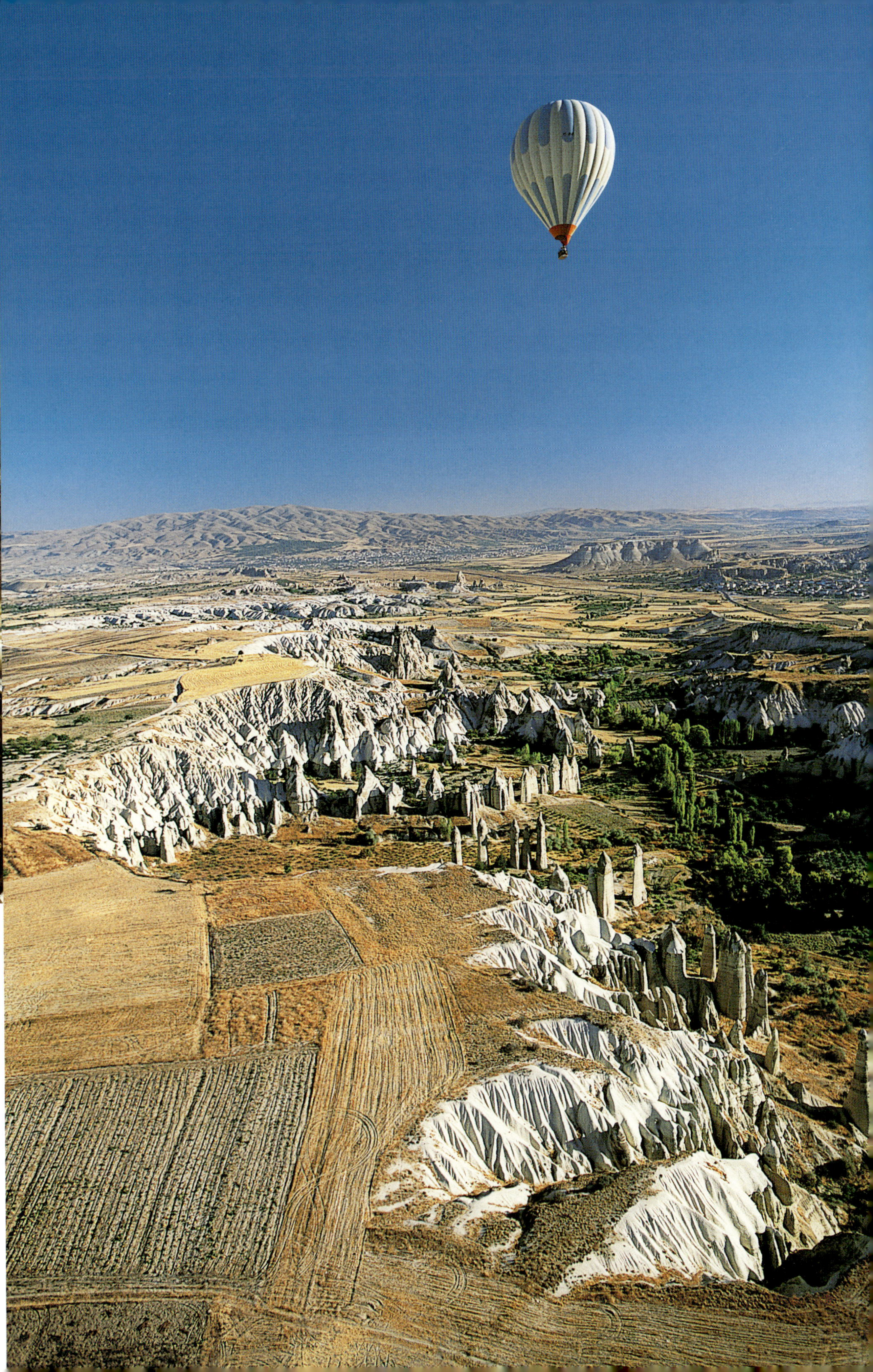

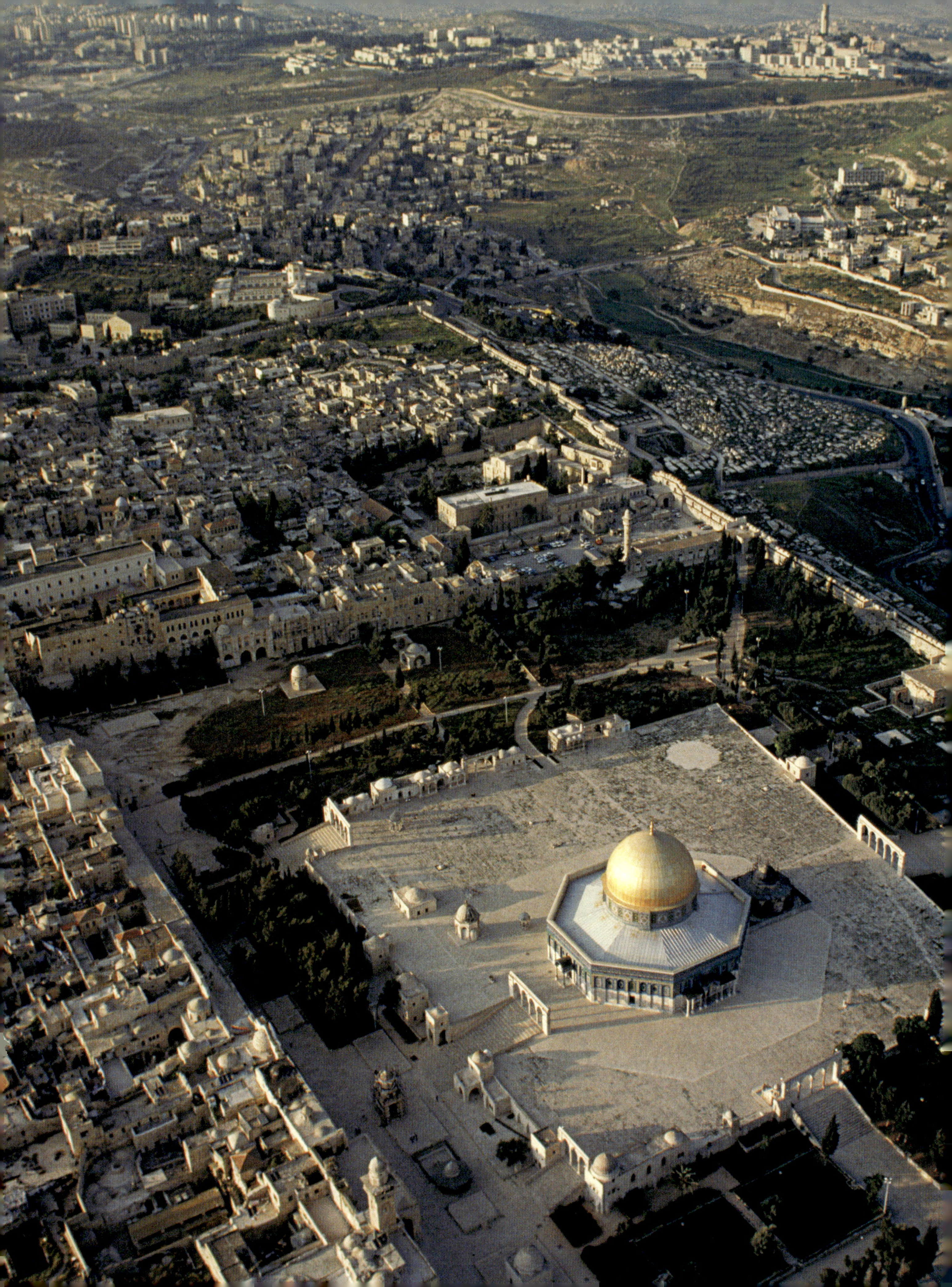

三宗教の聖地
イスラエル、エルサレム

ユダヤ教、キリスト教、イスラム教の聖地が周囲2キロほどのエリアに共存し、旧約聖書にも登場する世界最古の町の1つ、エルサレム旧市街。石畳の細い道が迷路のように入り組んだ街並みには、世界の三大一神教の歴史が今も色濃く漂っている。なかでもひときわ輝きを放ってそびえているのが、7世紀にイスラム教徒が建てた岩のドーム（黄金のドーム）だ。ドームを囲む全長4キロの城壁は、1536年に、オスマン帝国のスレイマン1世が再建したときの姿を今にとどめている。

JODI COBB/ National Geographic Creative

▼ **一世一代の巡礼地**
サウジアラビア、メッカ
ラマダン（断食月）の夕暮れ、メッカの大モスクを埋め尽くす、大勢の巡礼者たち。イスラム教の開祖である預言者ムハンマドの生誕地メッカはイスラム教最大の聖地で、ムスリム（イスラム教徒）には、一生に一度はハッジと呼ばれるこの地への巡礼が義務づけられている。現在では年間200万人近い巡礼者たちが訪れ、中央にそびえる四角い建物、カアバ神殿の周囲を回る。サウジアラビアの豊かさを示すように、大モスクも周囲の施設も近代化が進んでいる。
ROSLAN RAHMAN/ Getty Images

▶ **古代からの歴史をもつ城砦**
シリア、アレッポ
ダマスカスに次ぐシリア第2の都市アレッポ。旧市街は全長約5キロの城壁に囲まれ、その中心には中世に築かれたアレッポ城がそびえる。紀元前10世紀に丘の上に神殿が築かれたのが始まりで、その後十字軍との攻防のなか要塞と化していった、難攻不落の城砦だ。シリア地方でも最も古い歴史を誇る都市の1つで、メソポタミアと地中海の中間に位置するアレッポは、古代から東西と南北の交易路の要衝の地として栄えた。2013年、危機遺産に指定された。
George Gerster/ PPS

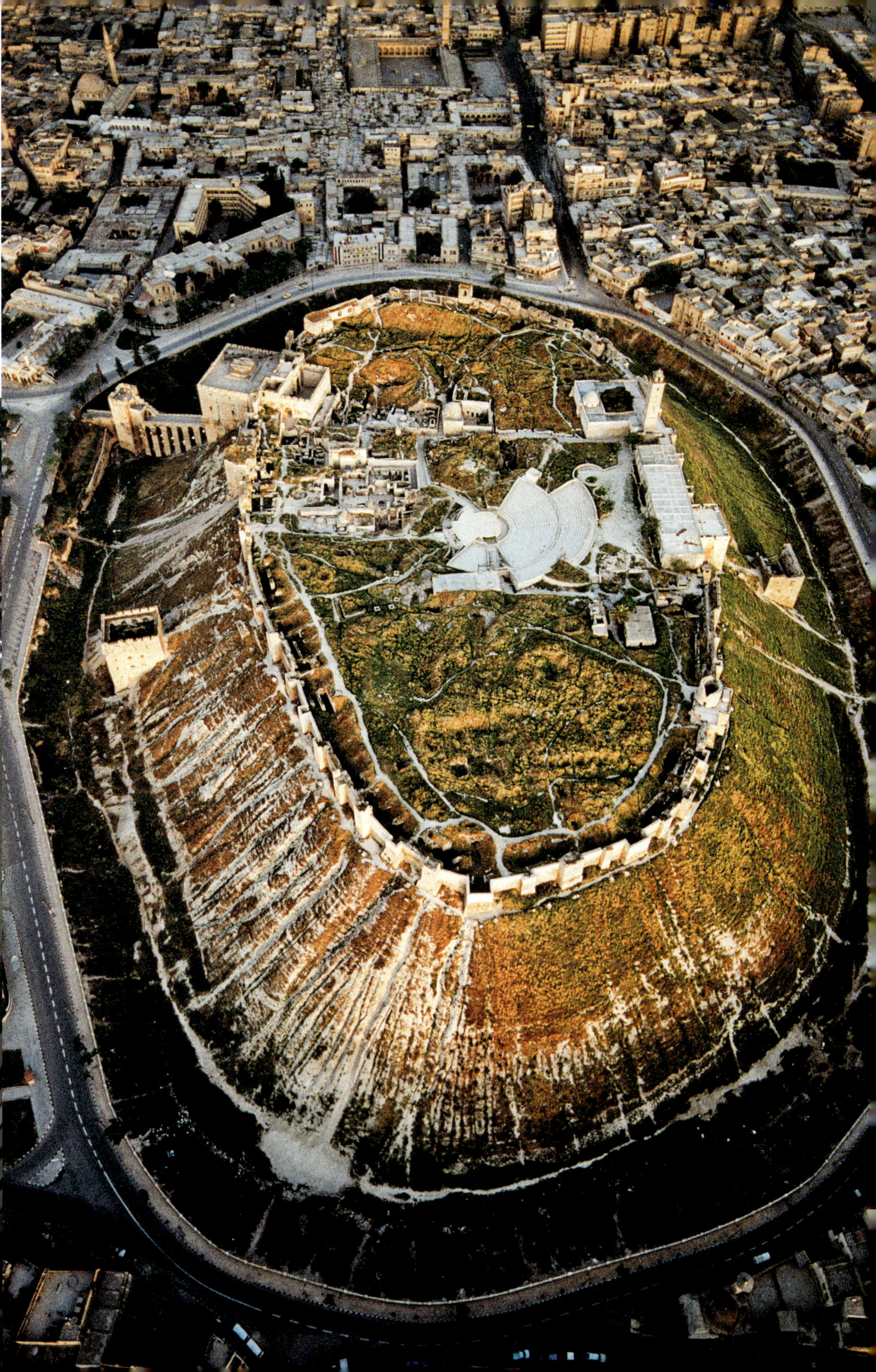
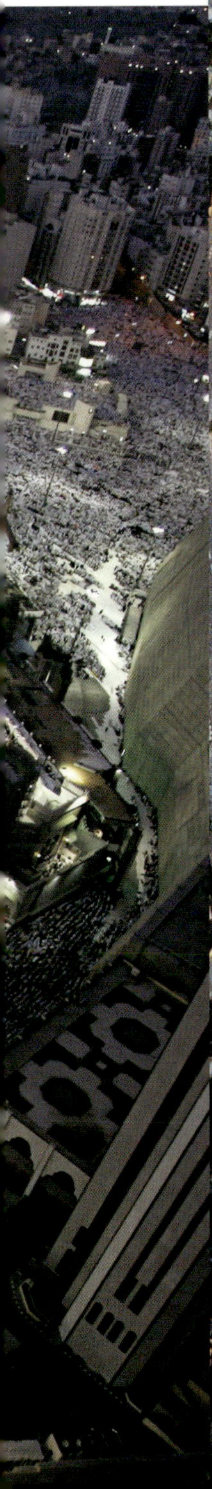

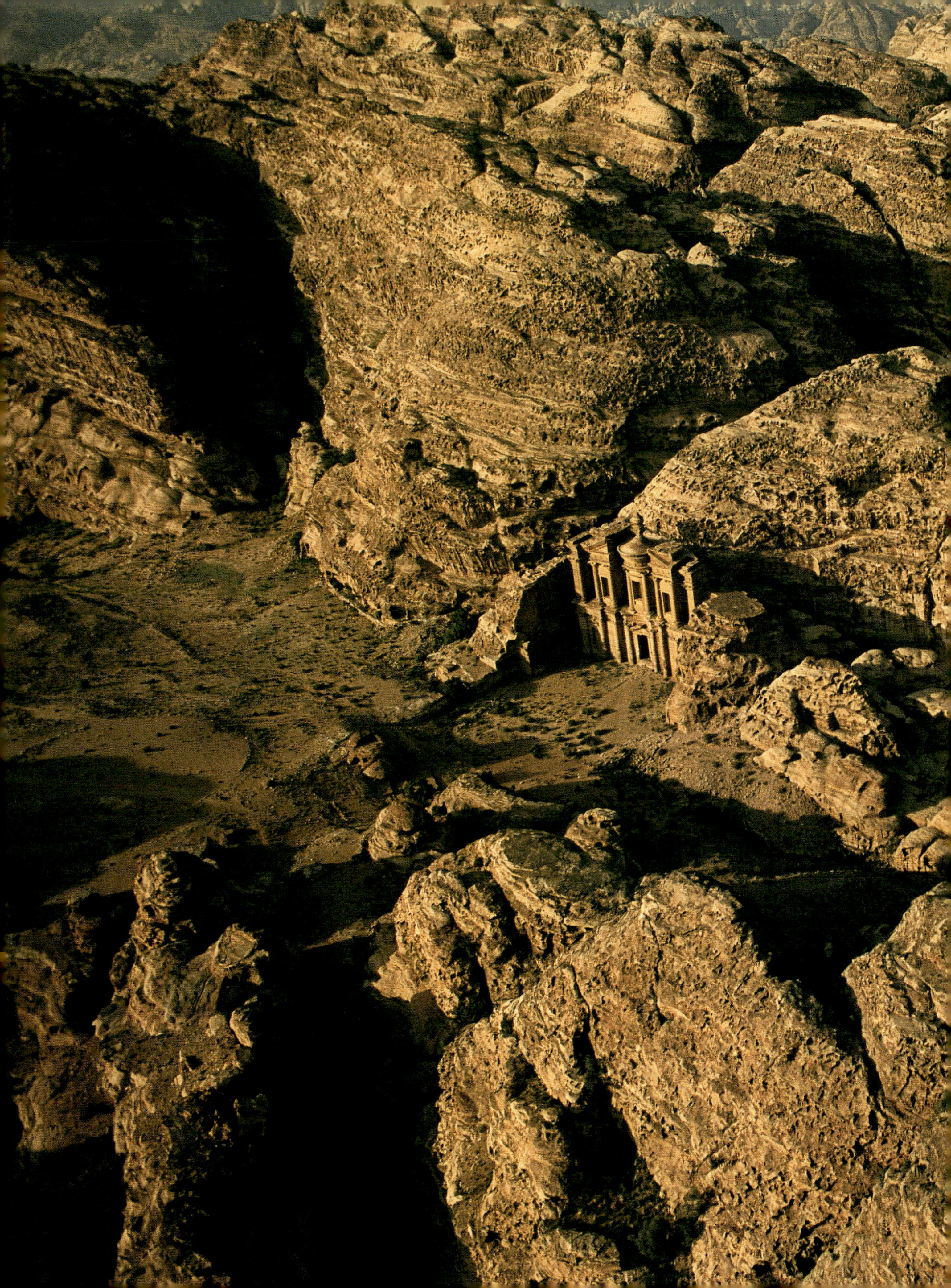

岩山にうがたれた神秘の修道院
ヨルダン、ペトラ遺跡

ヨルダン南部の砂漠にそびえる岩山に守られた古代都市遺跡ペトラの修道院、エド・デイル。有名なエル・カズネ（宝物殿）から岩山を登って1時間近くかかる場所にある。紀元前後、この地に栄えたナバテア王国の人びとは、美しい縞模様の岩山を彫り刻んで壮麗な寺院や宝物殿を築いた。その全貌はいまだに明らかになっていない。都市としてのペトラは、7世紀にこつ然と歴史の舞台から姿を消してしまった。

ANNIE GRIFFITH/ National Geographic Creative

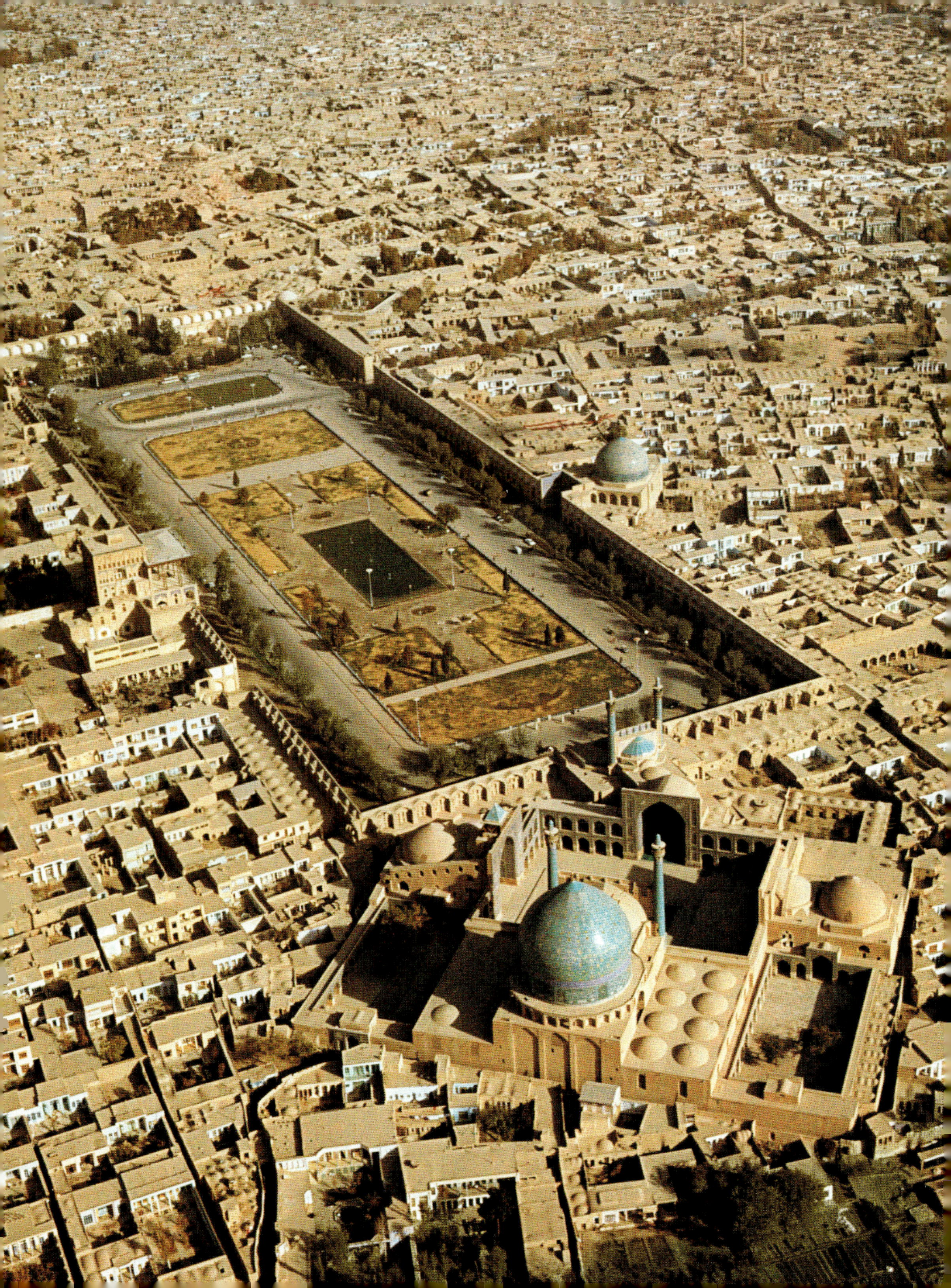

◀︎「世界の半分」と賞賛された都市
イラン、イスファハン

「イランの真珠」とも称される壮麗な街並みを誇るイスファハン。古くから政治、文化、交通の中枢として栄え、その繁栄ぶりは「イスファハンは世界の半分」とまで賞賛された。中心を占めるのは南北約500メートル、東西約160メートルのイマーム広場だ。広場の周囲には、写真手前に傑作として名高いイマームモスク、広場左側に王宮、その向かいに王族専用モスクが立ち、広場の奥にはバザールが広がる。写真はイラン革命以前の様子。

Mondadori/ Getty Images

▲ ペルシャ湾の高級真珠
カタール、ドーハ

アラビア半島東部、カタール半島のほぼ全域を領土とするカタールの首都ドーハ。広大な砂漠のなかに突如高層ビルが林立するこの大都市に、国の人口の約80パーセントが暮らす。写真はペルシャ湾に面した沿岸に25億ドルをかけて建設された人工島「ザ・パール」。上空から見ると真珠の首飾りのように見えることからついた名称だ。カタールは衛星テレビ局アルジャジーラの本拠地としても知られる。

Jose Fuste Raga/ Aflo

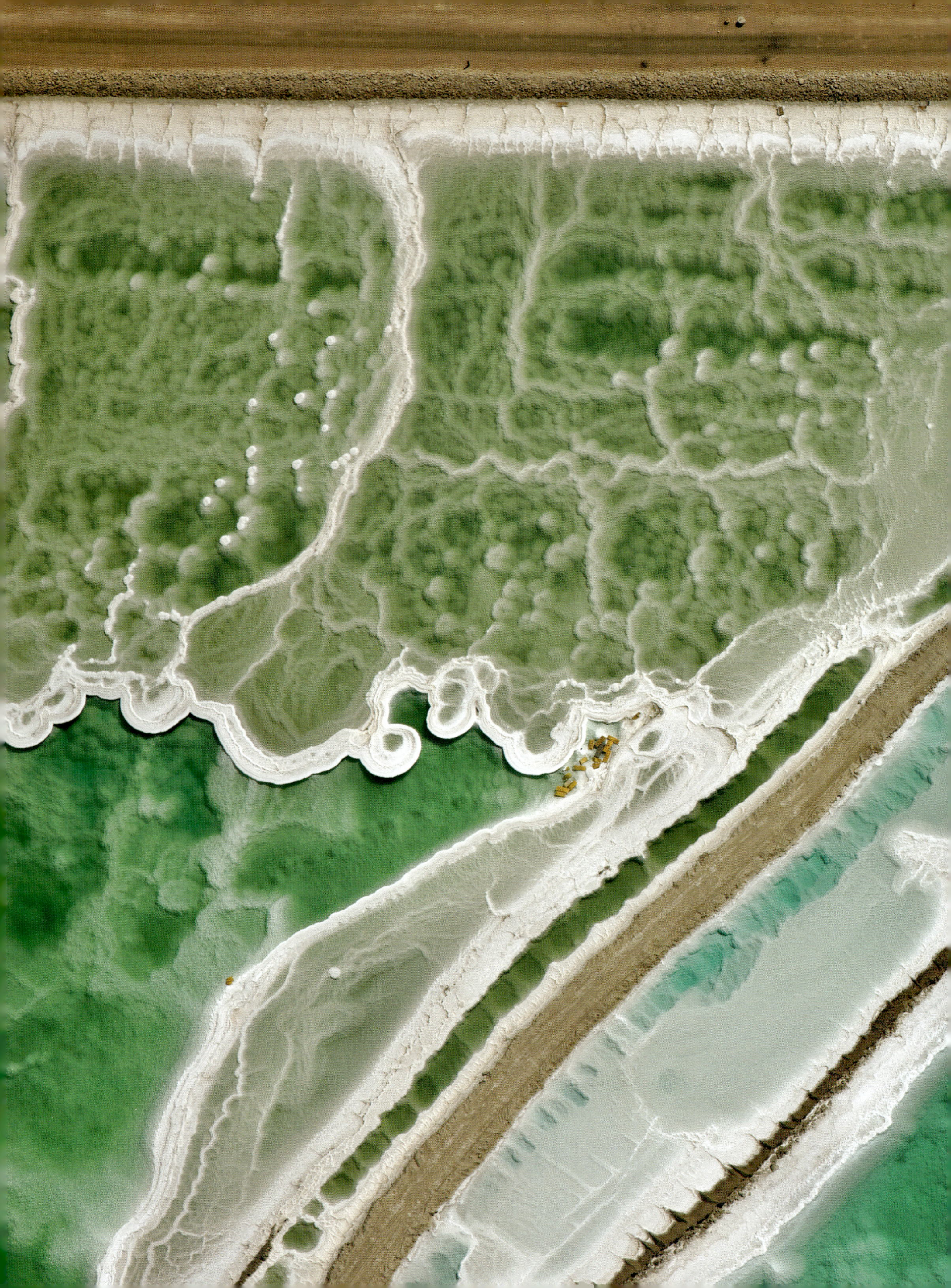

緑色の死海
イスラエル、死海

死海のイスラエル側の湖岸に広がる、肥料用の炭酸カリウム製造用の蒸発池。ヨルダンとの国境沿いに細長く延びる死海は、海面下約420メートルの世界で最も低地にある塩水湖だ。死海の塩分濃度は、ヨルダン川から流入する水の出口がなく、たまった水がどんどん蒸発して水中の塩分が濃縮されるため、約33％と高く、ミネラルを含んだ水を利用するこうした工場が建っている。

GEORGE STEINMETZ/ PPS

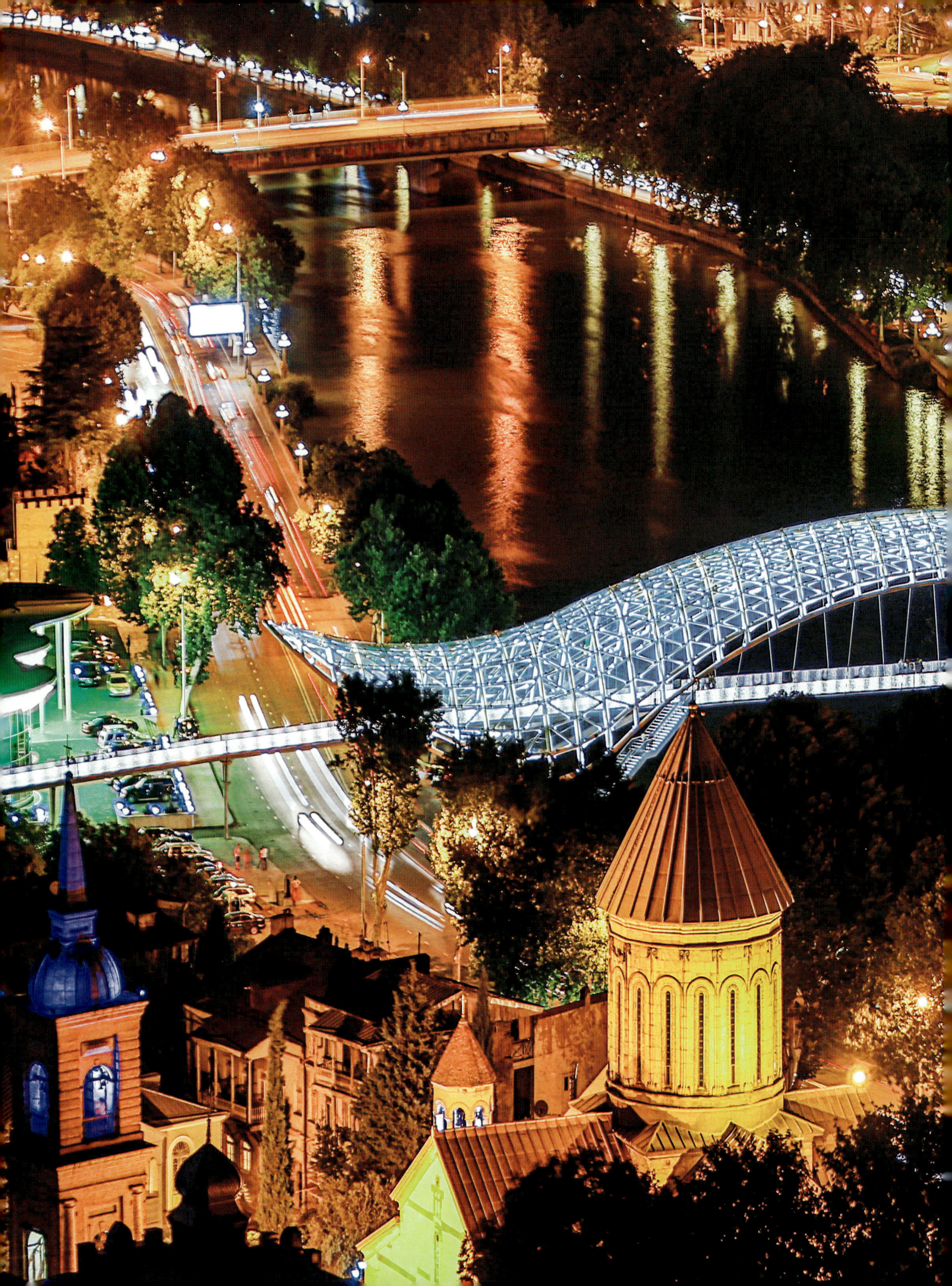

多文化の街とモダン建築
グルジア、トビリシ

グルジア共和国の首都、トビリシのきらびやかな夜景。ソ連時代の街並みに、モダンな建築が存在感を示す。写真の中央にかかる橋は、2010年に完成した平和橋だ。イタリア人建築家の手によるもので、LEDでまばゆく光っている。イラン、トルコ、ロシアと国境を接し、黒海を通じて地中海世界ともつながるグルジアは、古代から周囲の大帝国の支配を受けてきたが、1991年のソ連解体にともない独立を果たした。

Jose Fuste Raga/ Aflo

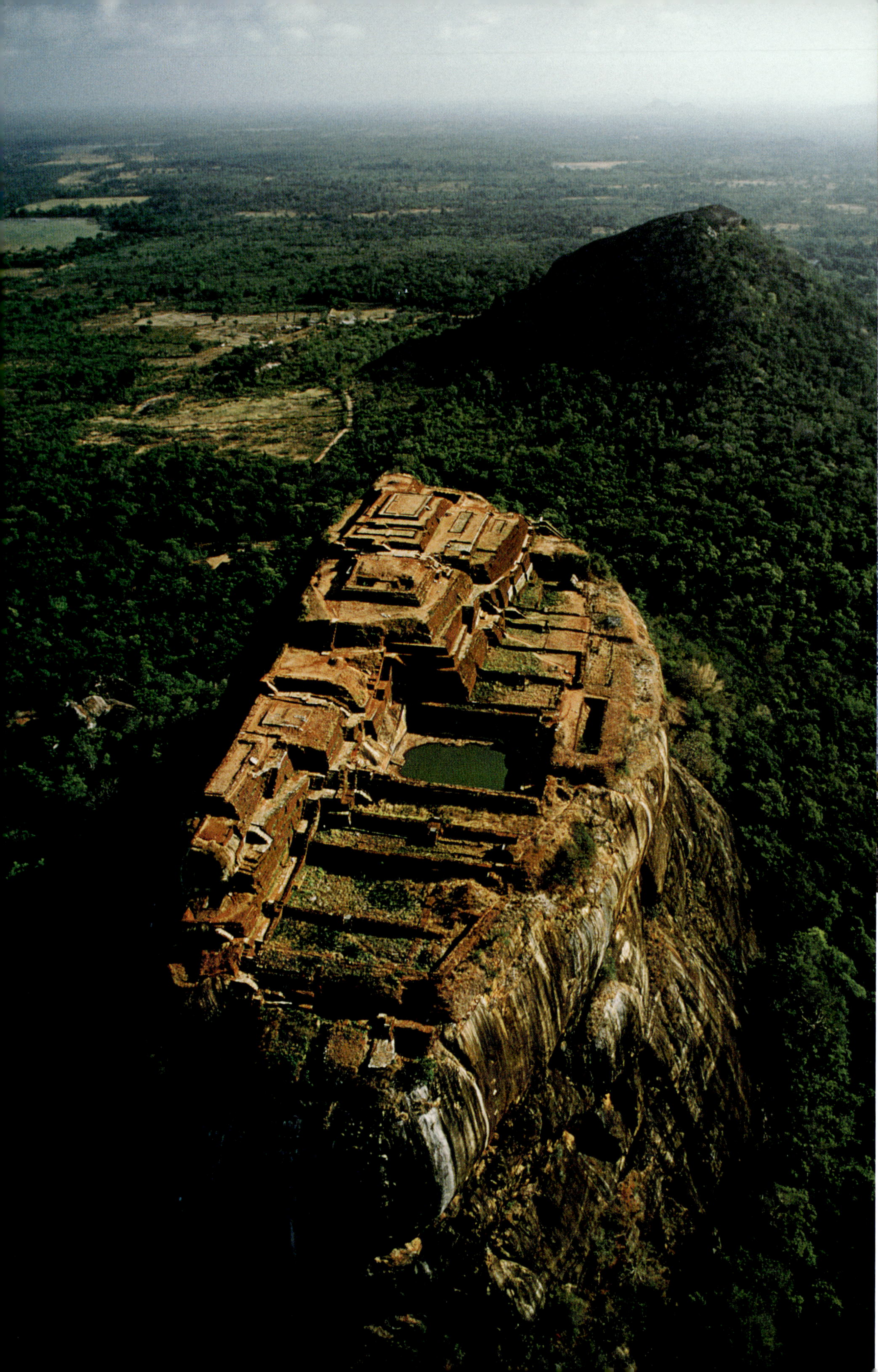
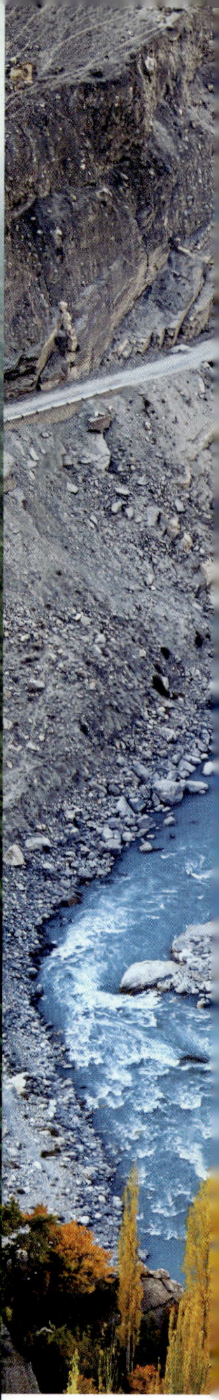

◀ 岩山に築かれた短命な王都
スリランカ、シーギリヤロック
スリランカ中部マータレーにそびえる、世界遺産のシーギリヤロック。硬化したマグマが地表に突出した高さ約370メートルの楕円形の岩塊に、紀元5世紀、王都が築かれたのだ。シンハラ王朝のカーシャパが父王と弟を殺害して王位を簒奪、それまでの王宮を捨てシーギリヤに王都を移した。だがこの王宮はカーシャパが討たれるまでのわずか11年しか機能をはたさなかった。切り立った岩壁の中腹にはフレスコの女性像「シーギリヤレディ」が残っている。
David Hiser/ Getty Images

▲ 美しい四季の渓谷
パキスタン、フンザ渓谷
紅葉に彩られたパキスタンのフンザ渓谷。カラコルム山脈の高峰に抱かれ、静寂に包まれたこの美しい土地は、ジェームズ・ヒルトンの小説『失われた地平線』に登場する桃源郷（シャングリラ）のモデルとされ、その昔、アレクサンドロス大王が兵士を率いてこの地を通ったともいわれている。中国とアフガニスタンに接している交通の要衝でもある。春はアンズの花が咲きみだれ、夏は緑が繁り、秋はこうした紅葉で色づき、冬は雪景色が見られる場所だ。
Yasir Nisar/ Getty Images

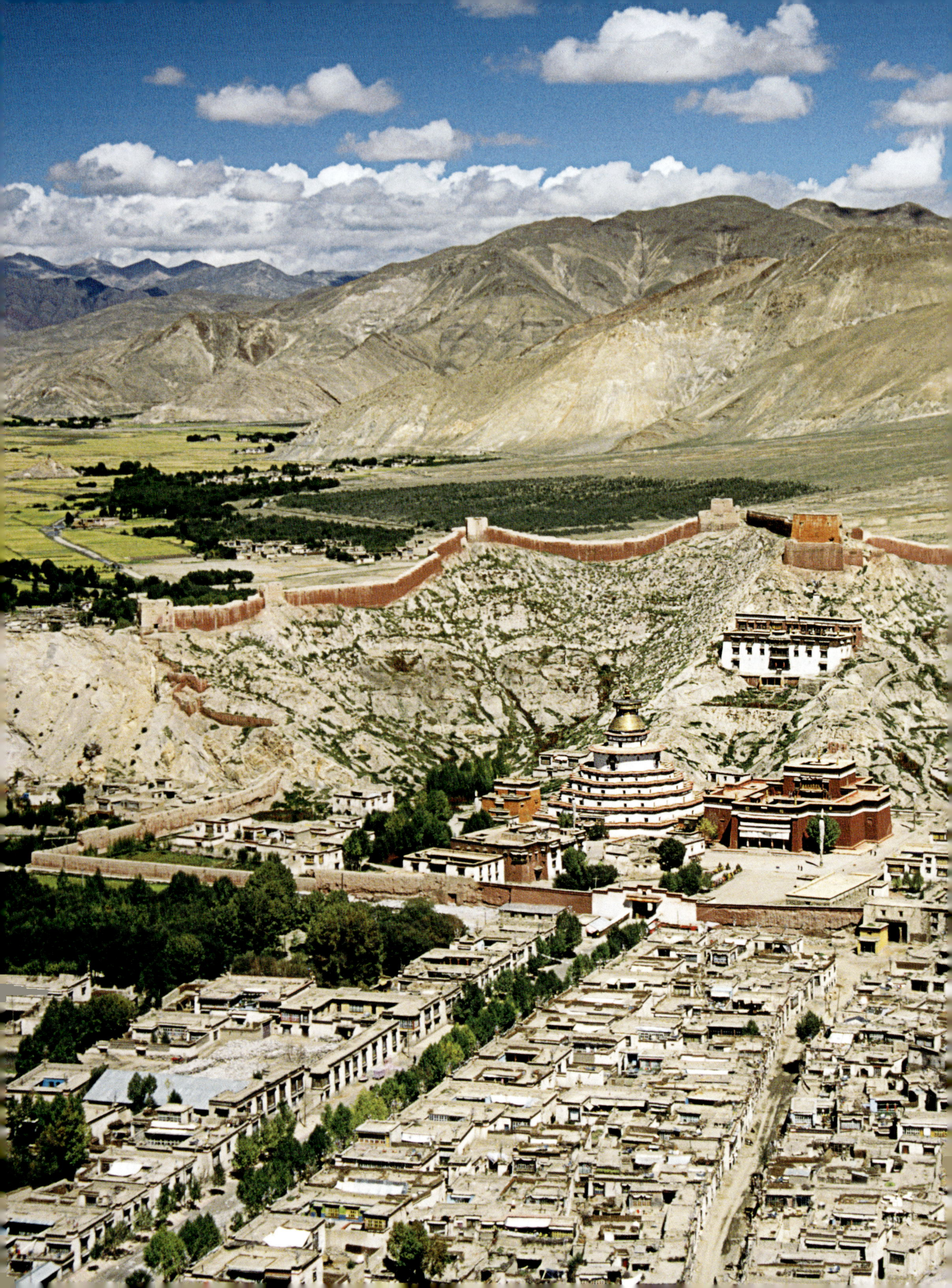

壁に囲まれた秘境の街
チベット、ギャンツェ

中国チベット自治区の南部、ヒマラヤ山脈の山ふところに抱かれたギャンツェの街並み。ギャンツェはラサとシガツェに次ぐチベット第三の大都市で、古くからインドとの交易路の要衝として栄えた。レンガ造りの壁に囲まれた、チベット仏教学問の中心地ともいうべきパルコン・チョーデ（白居寺）は、15世紀初め、ギャンツェ王のラプテン・クンサン・パクパがチベット仏教各派の僧侶たちと共同で創建したといわれている。 Aflo

ソビエト時代の巨大建築
ロシア、モスクワ

第二次世界大戦後、東欧とアジアに社会主義圏を拡大したソビエト連邦は世界を二分する超大国にのし上がり、首都モスクワにも外務省やホテルウクライナ（奥の建物）など、国家の威信を顕示する摩天楼が登場した。だがソ連の支配体制は次第に弱体化し、ついに1991年、ベールイドーム（手前の建物。現在のロシア共和国ソビエト会館）におけるクーデター鎮圧をきっかけにソ連は崩壊し、クレムリンにひるがえっていたソ連国旗が降ろされた。

Mordolff/ Getty Images

奇想の新首都
カザフスタン、アスタナ

石油や鉱物資源に恵まれたカザフスタン共和国の新首都アスタナには、大金をつぎ込んで建設した新奇な意匠の建築物が林立する。とりわけ中央遊歩道にそびえる高さ105メートルのこのバイテレクは新首都のシンボルとしてつくられたもので、天辺の金色の球体はガラス製の展望台になっている。カザフ語で「高いポプラの木」を意味するこの塔は、カザフの神話に登場する聖なる鳥サムルクを表している。サムルクは巨大な生命の木の梢に毎年黄金の卵を産む。その卵が太陽なのだ。

GERD LUDWIG/ National Geographic Creative

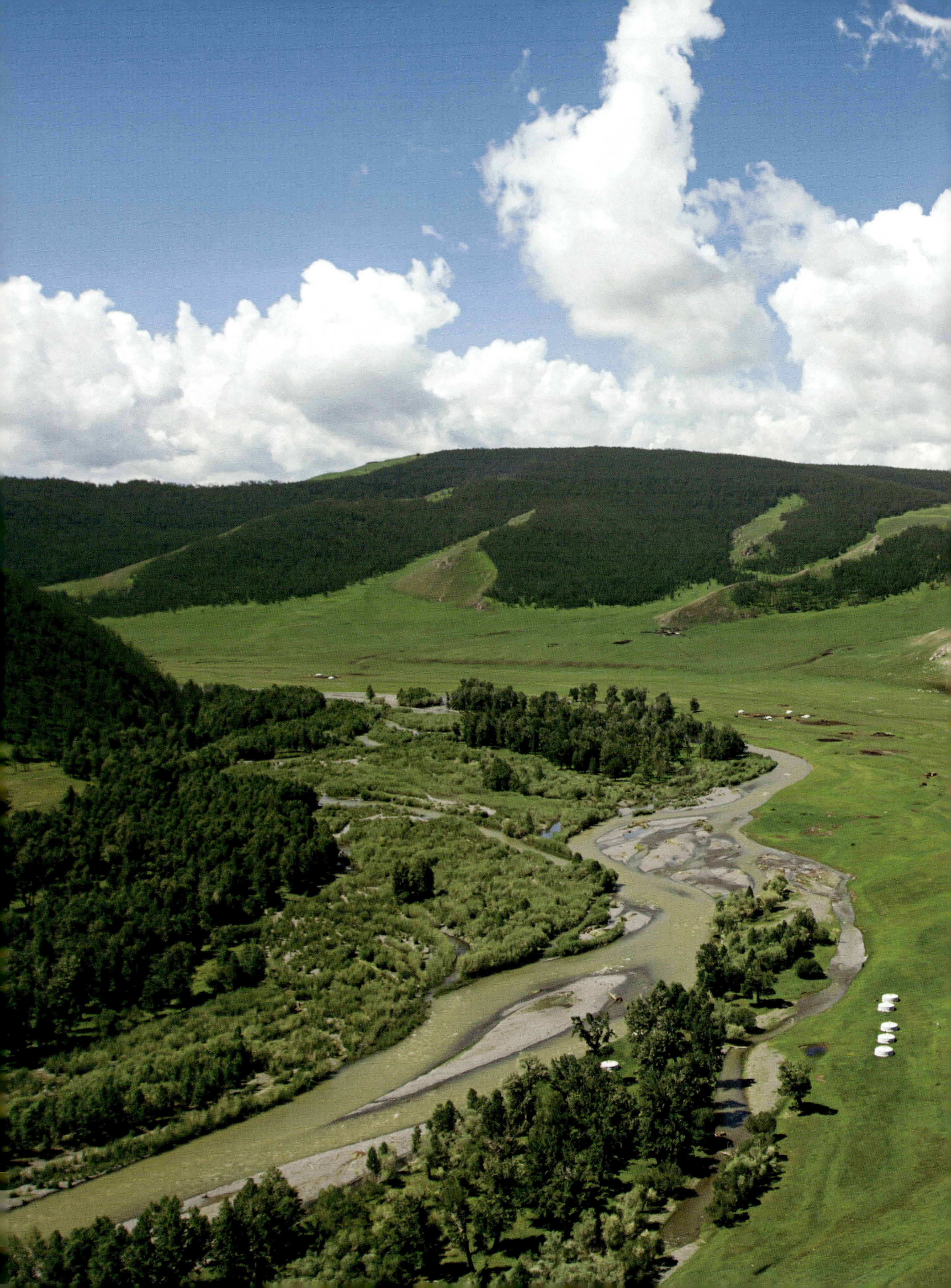

草原に暮らす遊牧民
モンゴル

一面の緑に覆われたモンゴルの壮大な草原。地上では馬が駆け回り、空ではワシが悠然と舞っている。中央に散らばった白い点は、何千年も昔からモンゴルで放牧を営んで暮らしてきた遊牧民族の移動式住居、パオだ。ヒツジを中心に、ウシやウマ、ラクダなどの家畜を育てるモンゴルの遊牧民たちは、春は雪解けの早い場所を、夏は草の豊富な土地を、秋は動物を太らせるのに好都合な場所を選んで、住宅とともに移動する。

JONATHAN IRISH/ National Geographic Creative

▲ 世界の屋根
ヒマラヤ山脈

ネパールと中国チベット自治区の国境地帯にそびえる「世界の屋根」、ヒマラヤ山脈の威容。標高8848メートルの世界最高峰エベレストをはじめ、7000メートルを超える100以上の高峰と、ローツェ、クーンブ、ゴジュンバなどの氷河が比類のない壮大な景観を織りなしている。ヒマラヤ山脈は、プレートテクトニクスによってインド亜大陸がユーラシア大陸に衝突して形成されたもので、インド亜大陸はいまも北上を続け、ヒマラヤ山脈も成長を続けている。

Dreanzzz/ Getty Images

▶ サンゴ礁の楽園
モルディブ

インド洋に点々と散らばる約1100の小さなサンゴの島と26の天然環礁からなるモルディブ諸島。水中山脈が南北に長く延びているこの周辺では、世界中のサンゴ礁に生息する魚のうち4分の3の種が見られる。「モルディブ」の地名は「島々の花輪」を意味するサンスクリット語に由来するといわれている。1972年、クルンバモルディブ島に最初のリゾートが誕生して以来、美しいサンゴ礁をめあてに世界中から観光客が集まっている。

Jon Arnold Images/ Aflo

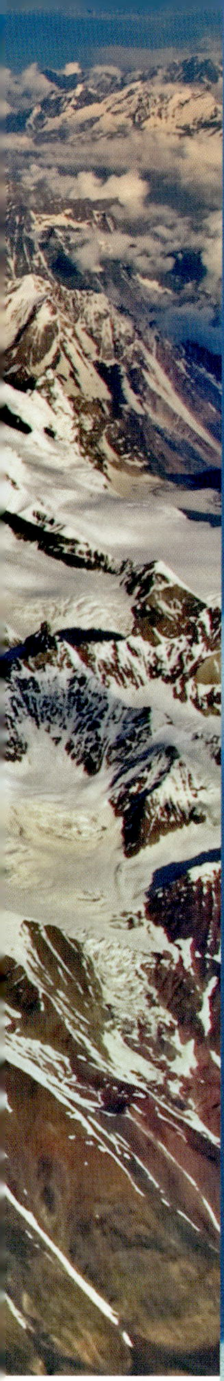
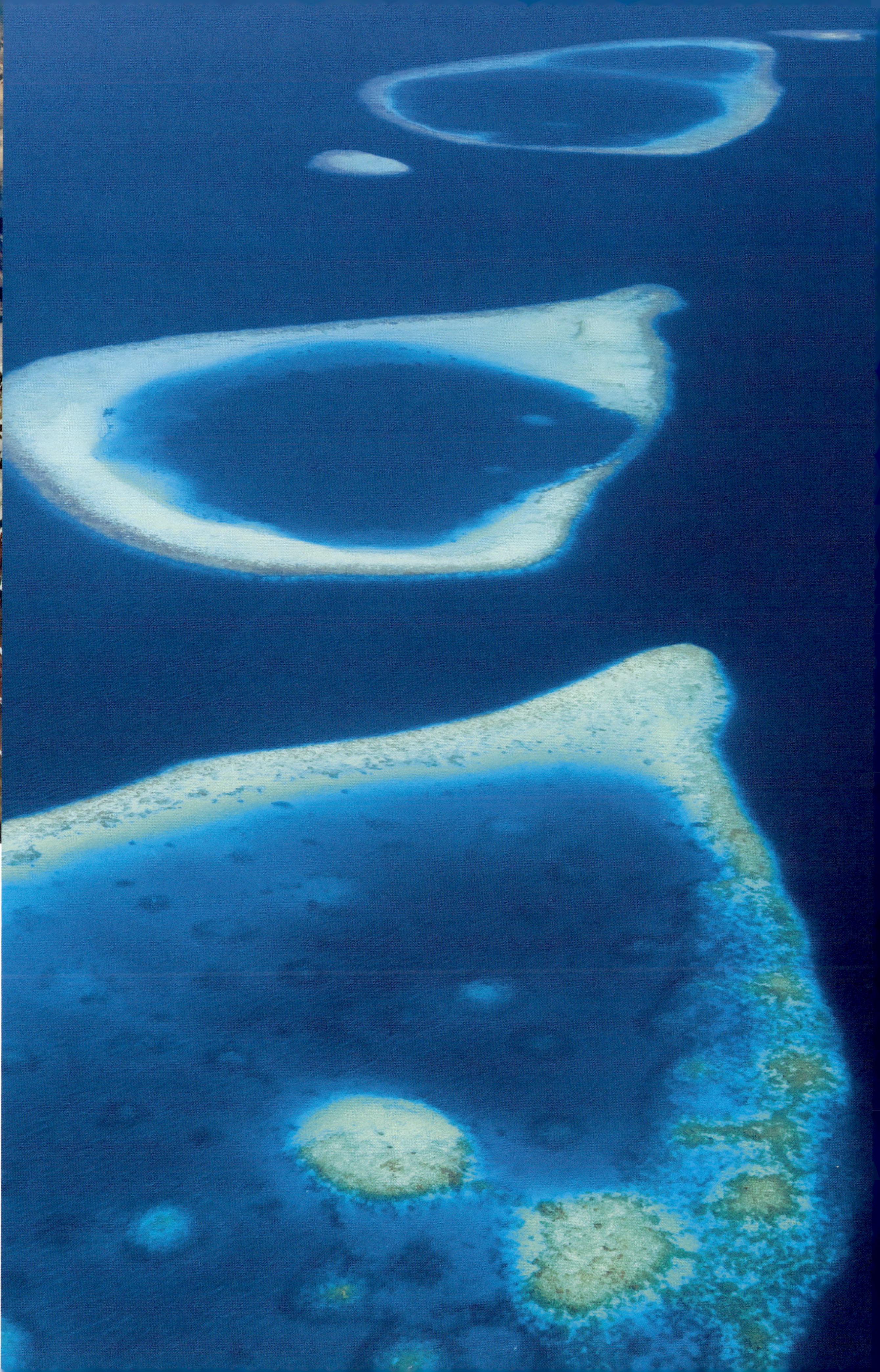

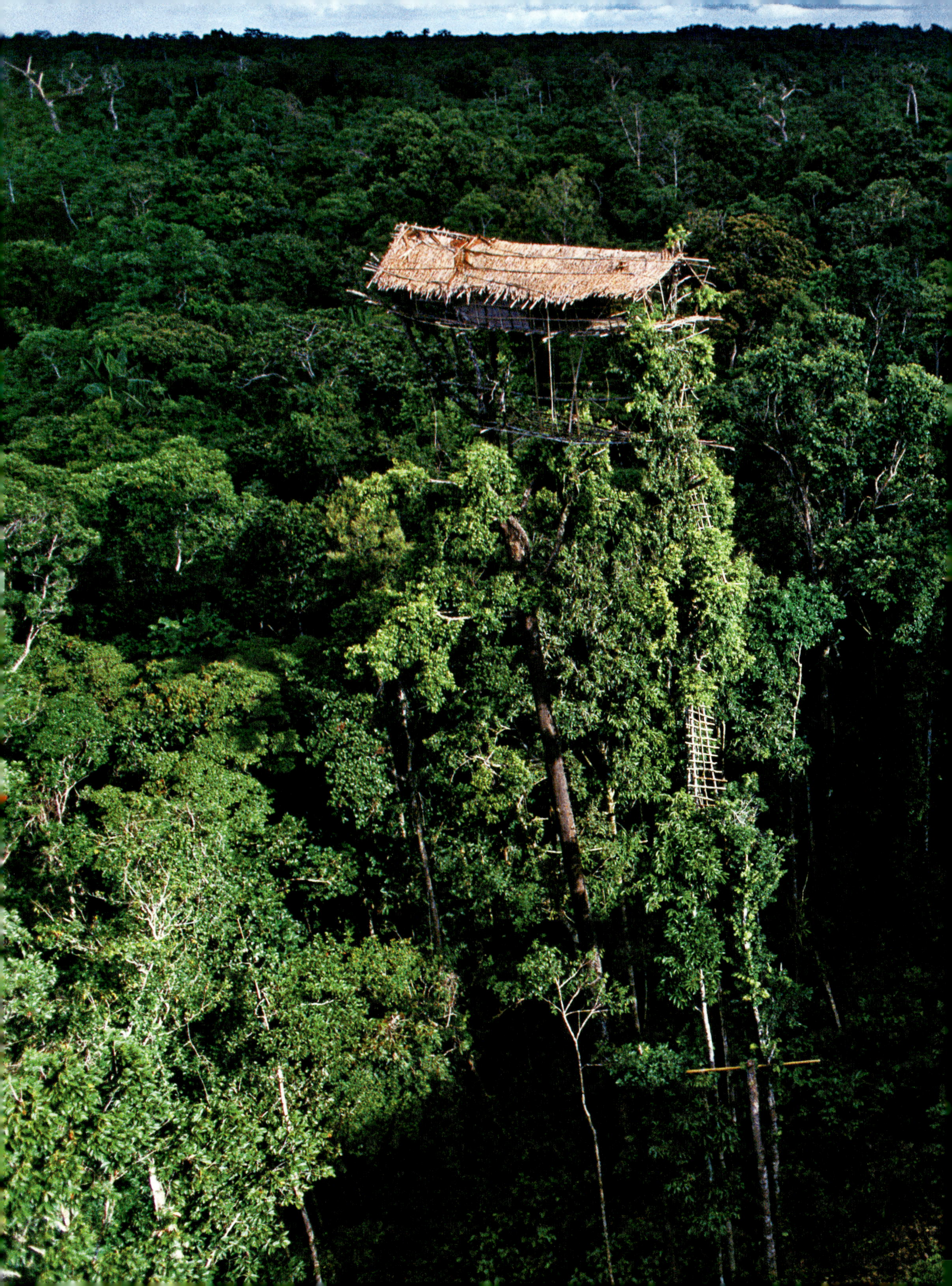

地上50メートルの家
インドネシア、イリアンジャヤ

地上50メートルにも達する森の樹上に設けられた先住民、コロワイ族の家屋。世界で2番目に大きな島、ニューギニア島のインドネシア領イリアンジャヤには、コンバイ族やコロワイ族など250ほどの先住民が、外部と隔絶した世界のなかで暮らしている。アニミズムを信仰する彼らは、整然とした氏族社会をつくり、敵対する氏族の「呪い」をつねに警戒しながら、こうした樹上家屋で生活している。

GEORGE STEINMETZ/ National Geographic Creative

天上の神殿
ミャンマー、ポッパ山

ミャンマー、バガン平原の仏教遺跡群を見下ろすポッパ山の斜面に突き出た岩塊、タウン・カラット。平原に忽然と現れた標高737メートルのこの異様なかたちの岩の塔には、ミャンマーの土着信仰の対象であるナッ神が祀られ、多くの巡礼者が集まる。頂上までは777段ある階段状の参道が設けられ、参道入口の建物には37体のナッ神像が並んでいる。　　　　上田孝行/Aflo

火山に暮らす
インドネシア、ブロモ山
ジャワ島東部にそびえる標高2329メートルの活火山、ブロモ山周辺の集落。このブロモ山やジャワ島の最高峰スメル山をはじめ7つの火山からなる、面積約5万ヘクタールのブロモ・テンゲル・スメル国立公園は、景観の美しいラヌ・パニ湖やラヌ・レグロ湖、貴重な野生動物や原生林で知られ、年間30万人もの観光客が訪れる。

Ikunl/ Getty Images

年輪を刻む客家土楼
中国、広東省

広東省や福建省など中国南部に暮らす少数民族、客家（はっか）の伝統的な住居、土楼。漢民族の下位集団である客家は、移住をくり返し、ほかの民族との摩擦が絶えなかったため、防衛目的のために重層的な土壁に囲まれた要塞住居を築き、外部の人間が容易に入り込めないようにした。集落が発展すると古い住居の外側に新しい家々が建てられていった。2008年、最古の土楼3000軒が世界遺産に登録された。
GEORGE STEINMETZ/ National Geographic Creative

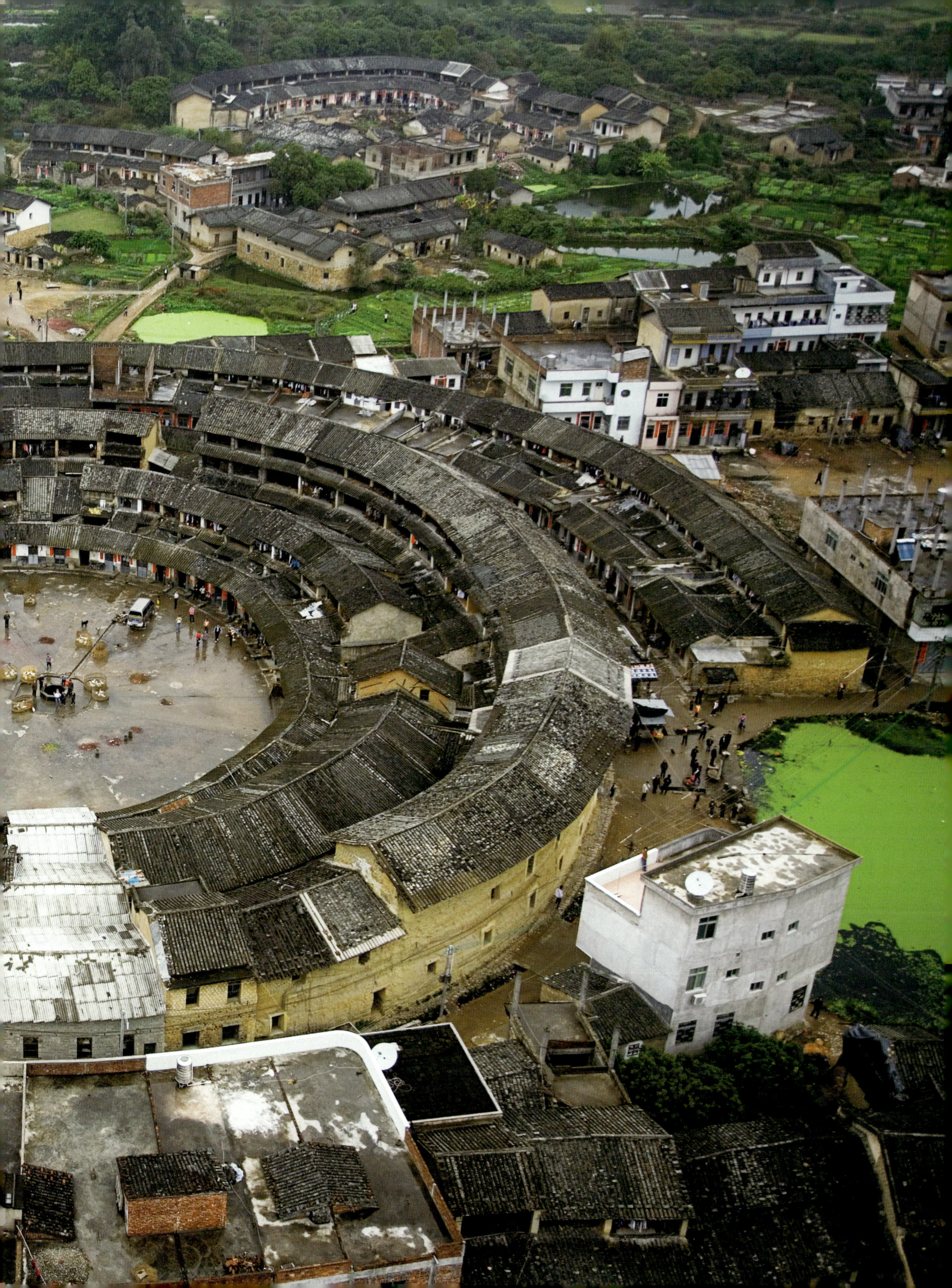

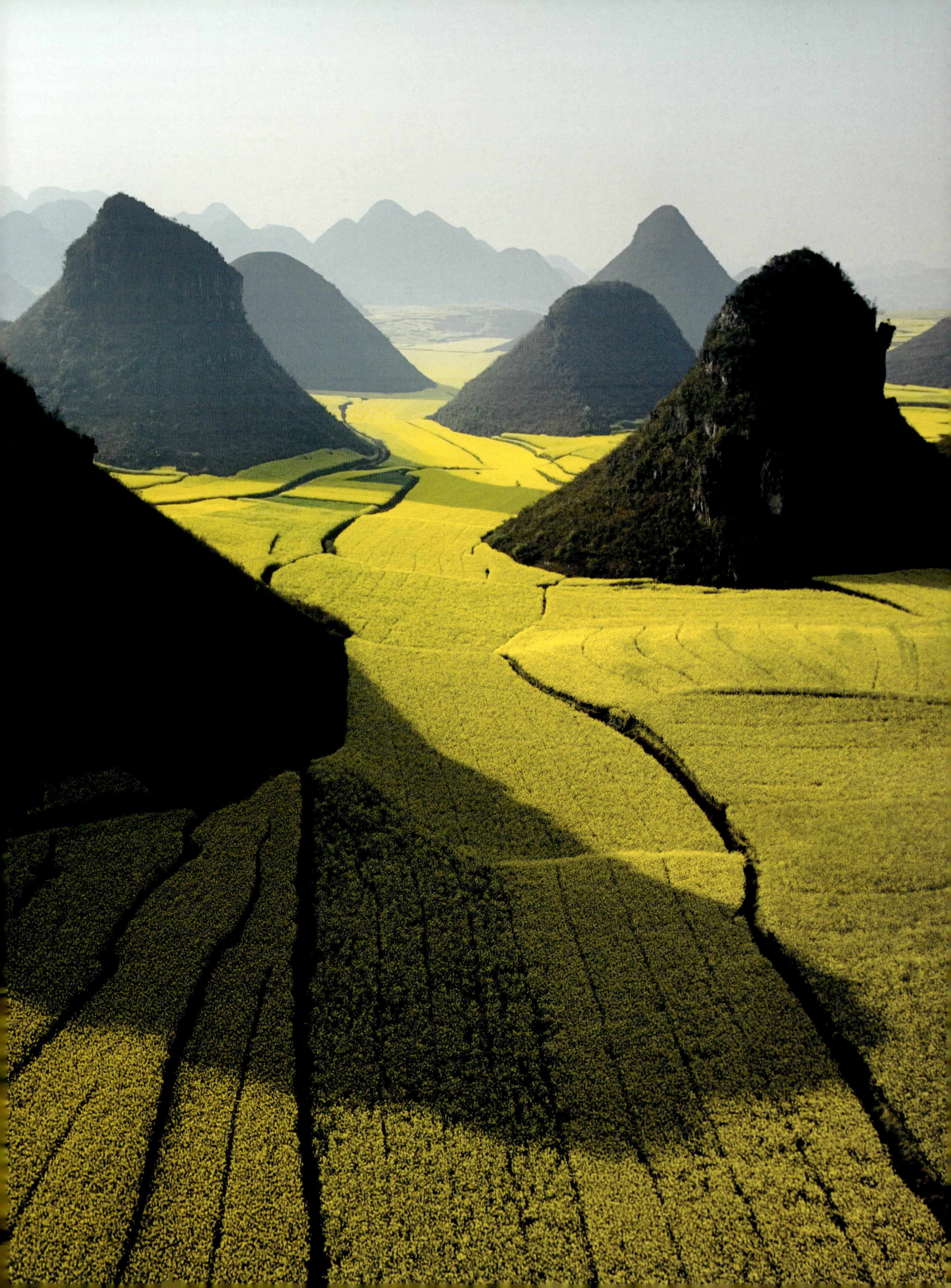

◀ **一面の菜の花畑**
中国、雲南省
黄色い菜の花が一面に咲きそろった、雲南省羅平（ルオピン）近郊の春の田園風景。雲南省から広西壮士族自治区にかけての中国南部は、石灰岩の大地が浸食で刻まれた、尖った山々が並ぶ独特のカルスト地形で知られる。羅平県では、手間のかからない菜の花の栽培が盛んで、冬に種をまくと、3月下旬には一斉に花をつけ、水をやらずとも6月にはナタネを収穫することができる。現在、中国のナタネ収穫量は約1300万トンで、世界一を誇る。　　　GEORGE STEINMETZ/ National Geographic Creative

▲ **満開の桜**
日本、長野県
満開の桜に彩られた伊那市の高遠城址公園。もともと諏訪氏一門の高遠頼継の居城だった高遠城は、その後信濃を平定した武田信玄が家臣の山本勘助に命じて改築させたという。明治の廃藩置県後、城は取り壊されて荒地となったが、これを見かねた旧藩士たちが城址に桜を植樹し、桜の名所としてよみがえらせた。南アルプスのふもとにあり、春になるとここにしかないコヒガンザクラが花開くこの城址公園は、現在、日本さくら名所100選に選定されている。
岡田光司/ Aflo

世界一寒い場所のトナカイ
ロシア、シベリア

シベリアの北極圏に近い針葉樹林帯を移動するトナカイの群れ。トナカイは雪に覆われた大地に生える地衣類を餌にして成長する。この写真を撮影したディーン・コンガーは冷戦たけなわの1960年代後半から粘り強くソ連当局と交渉し、人が暮らす場所としては世界一寒い場所である北東シベリアのオイミャコンまでヘリコプターで移動してトナカイの群れの撮影に取り組み、この貴重な写真の撮影に成功した。

DEAN CONGER/ National Geographic Creative

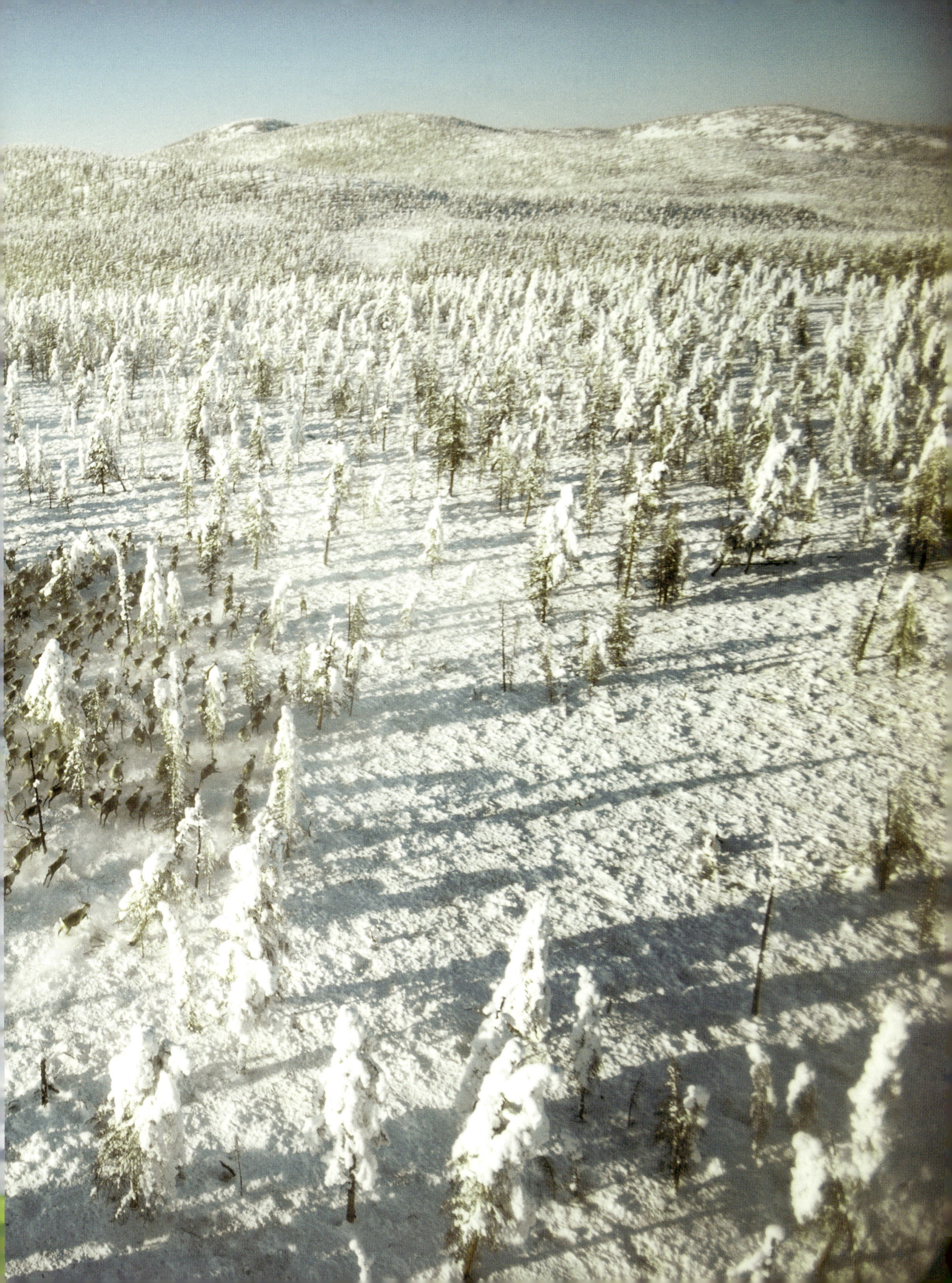

アラスカの紅葉
米国、アラスカ州

一面の紅葉に覆われた太古そのままの景観が広がる、アラスカ州北極圏の扉国立公園のコユーククⅢ北支流の秋。アラスカ北部の北極圏内に広がるこの国立公園の総面積は、スイスの国土面積とほぼ等しい約4万平方キロもある。1929年、コユーククⅢ北支流を探査した自然保護活動家ボブ・マーシャルは、川の両側にそびえる2つの山、フリジッド・クラッグズとボーリアル山の威容に打たれ、この流域を「北極圏の扉」と名づけた。

MICHAEL MELFORD/ National Geographic Creative

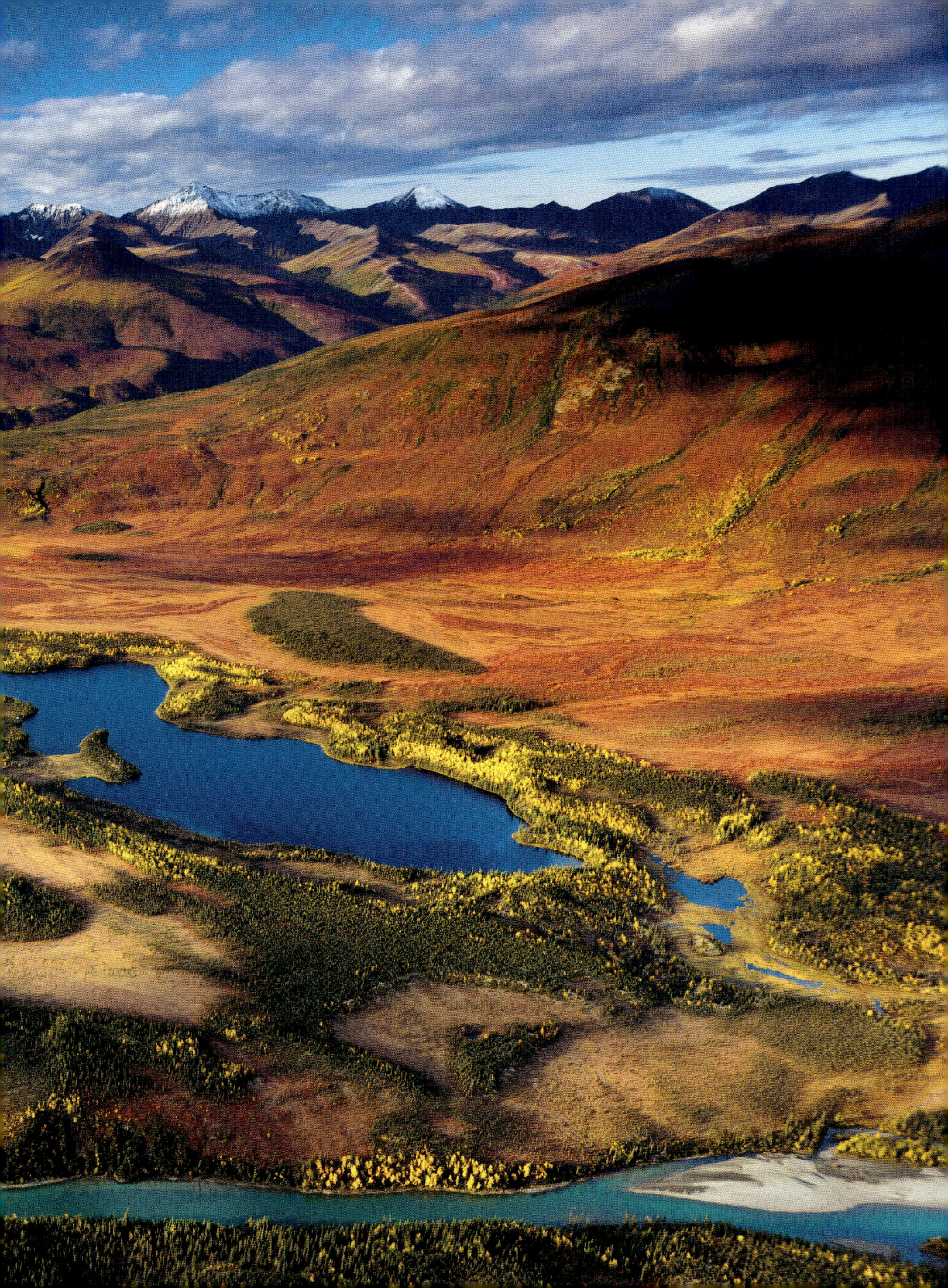

▼ 川を逆流するポロロッカ
ブラジル、アラグアリ川

アマゾン河口を流れるアラグアリ川で発生した、満潮時に水が川の流れに逆行して波となる自然現象「ポロロッカ」。ペルーやエクアドル、コロンビアの水源からアマゾン水系をたどって流れ下ってきた茶色く濁った水が、大潮のときに海水とぶつかり合い、延々1時間近くも上流に向かって逆流する。この逆流現象は、大音響とともにものすごい速度で流れるため、「大音響」を意味するトゥピー語「ポロロッカ」の名前がついた。

CARRIE VONDERHAAR/ OCEAN FUTURES SOCIETY/
National Geographic Creative

▶ 世界最大の湿原
ブラジル、パンタナール湿原

雨期の到来とともに、ブラジル、パラグアイ、ボリビアの国境地帯に出現する、総面積約19万5000平方キロの世界最大規模の湿原、パンタナール。乾期には、写真のように無数の水場が残り、さまざまな野生動物の繁殖地となる。水文学、地質学、生態学など、さまざまな見地から見て特異な性質をもつ生態系で、約1900平方キロがパンタナール自然保護地域としてユネスコの世界遺産に登録されている。

FRANS LANTING/ National Geographic Creative

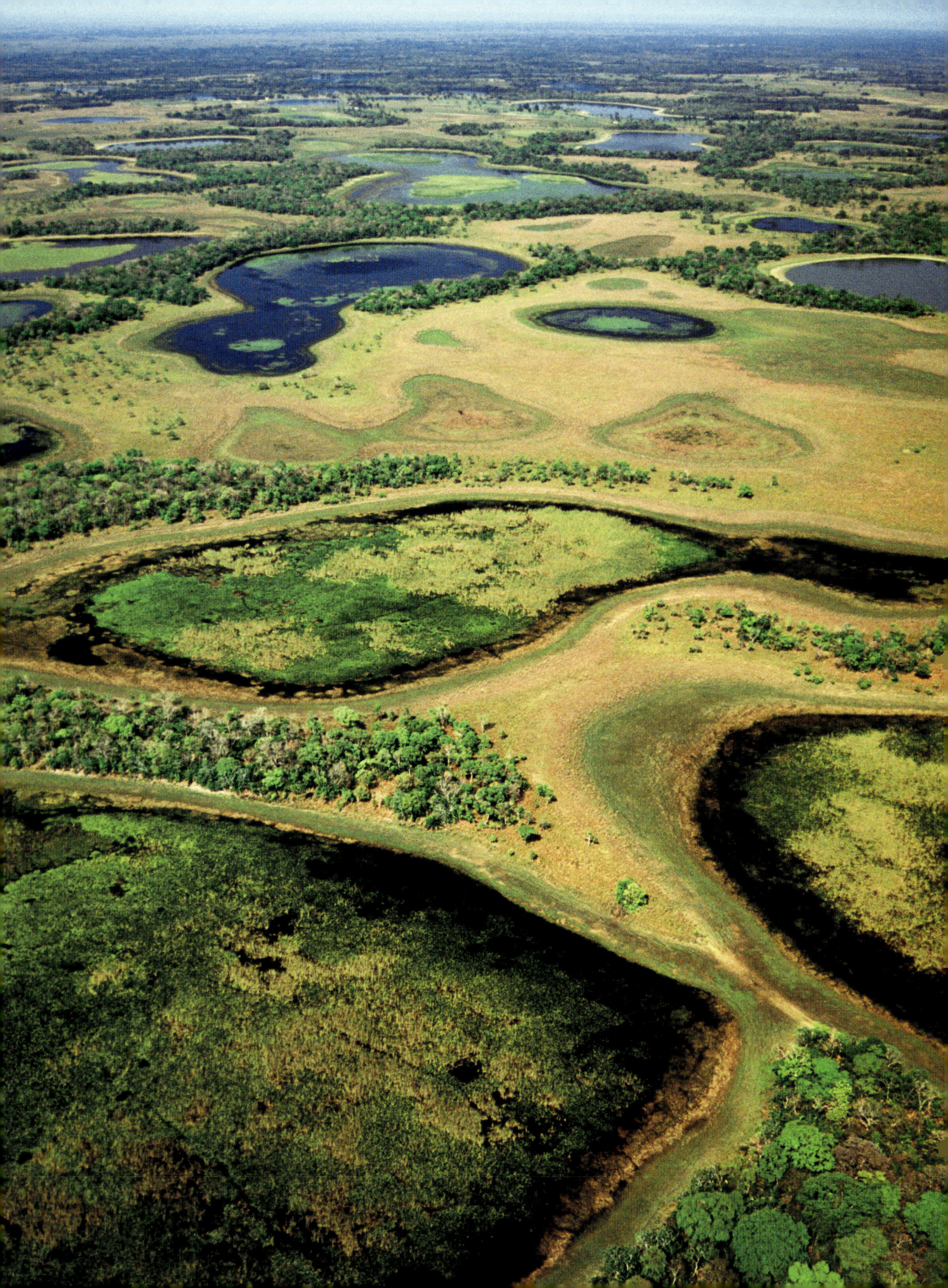

虹のような温泉

米国、ワイオミング州

ロッキー山脈の中央部に広がるイエローストーン国立公園に広がる、米国最大の温泉、グランド・プリズマティック・スプリング。まるで虹のようにあざやかな色彩が、不思議な光景だ。周囲から中心に向けて、温度の変化につれ異なるバクテリアが繁殖していることで、カラフルな層をつくりあげている。中心部は高温のためバクテリアが生息できず、通常の光の作用で青く見える。右下はエクセルシオール間欠泉。

富井義夫/Aflo

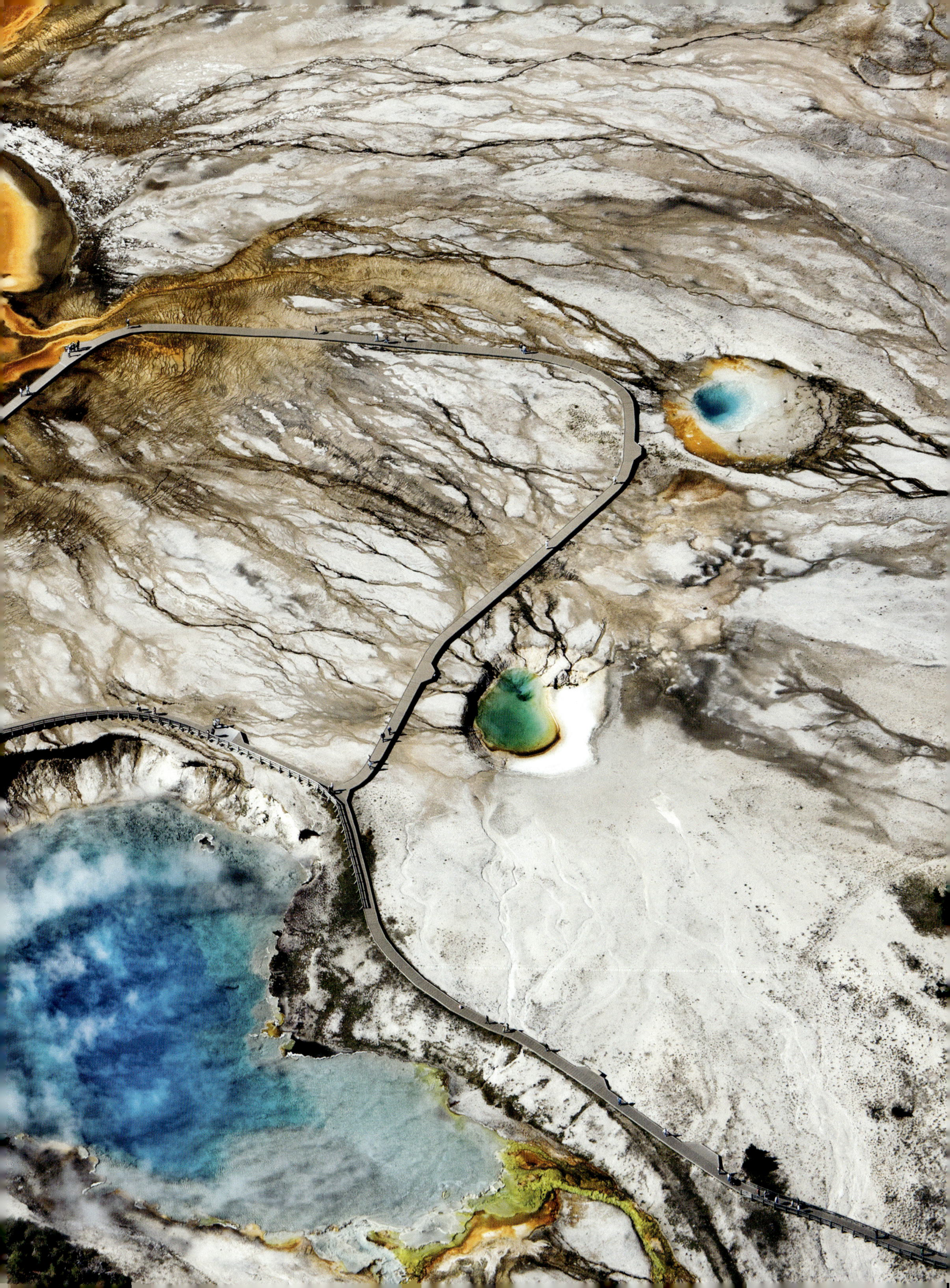

▲ イッカクvsホッキョクグマ
カナダ、バフィン島

ヌナブト準州、バフィン島のアドミラルティ入江で、海氷の裂け目に集まったイッカクの群れを襲おうと狙うホッキョクグマの親子。イッカクは体長およそ4〜5メートル、長い牙が角のように見えるため、「海のユニコーン」とも呼ばれている。従来、北極地方は白一色の世界と考えられてきたが、北極海の氷は年々減少の傾向にあり、ホッキョクグマが餌を狩るのに必要な、足場となるこうした海氷が姿を消しつつある。

PAUL NICKLEN/ National Geographic Creative

▶ 軍用機の墓場
米国、アリゾナ州

「軍用機の墓場」の異名をもつ、アリゾナ州のデービスモンサン空軍基地。成田空港よりもやや広い敷地に、退役した軍用機約4000機が整然と並んでいる。1925年に開設されたこの空軍基地は、第2次世界大戦中、爆撃機の訓練基地だったが、大戦後は、気候が乾燥していることから退役した軍用機の保管場所としても利用されるようになった。

Aerial Archives / PPS

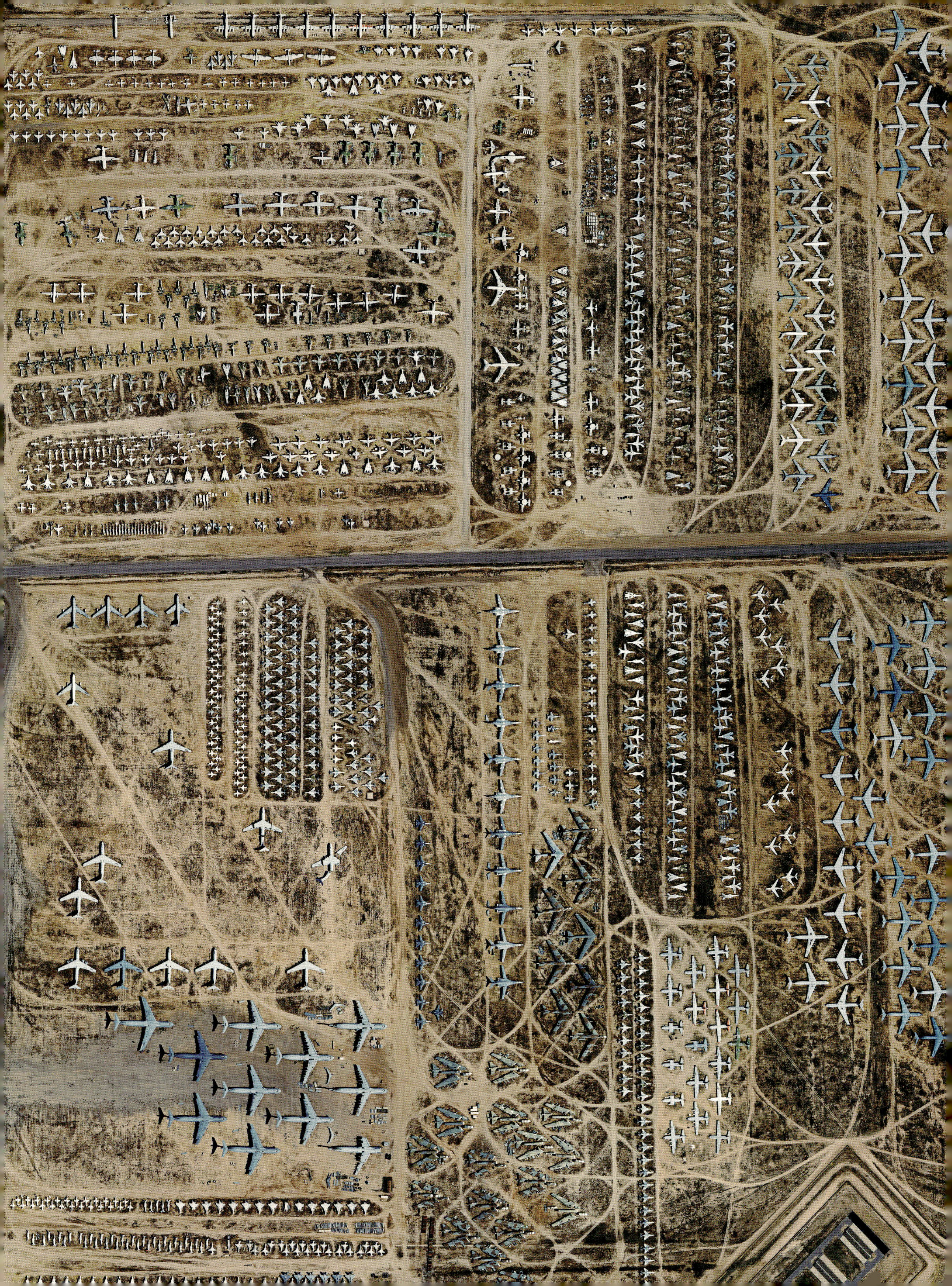

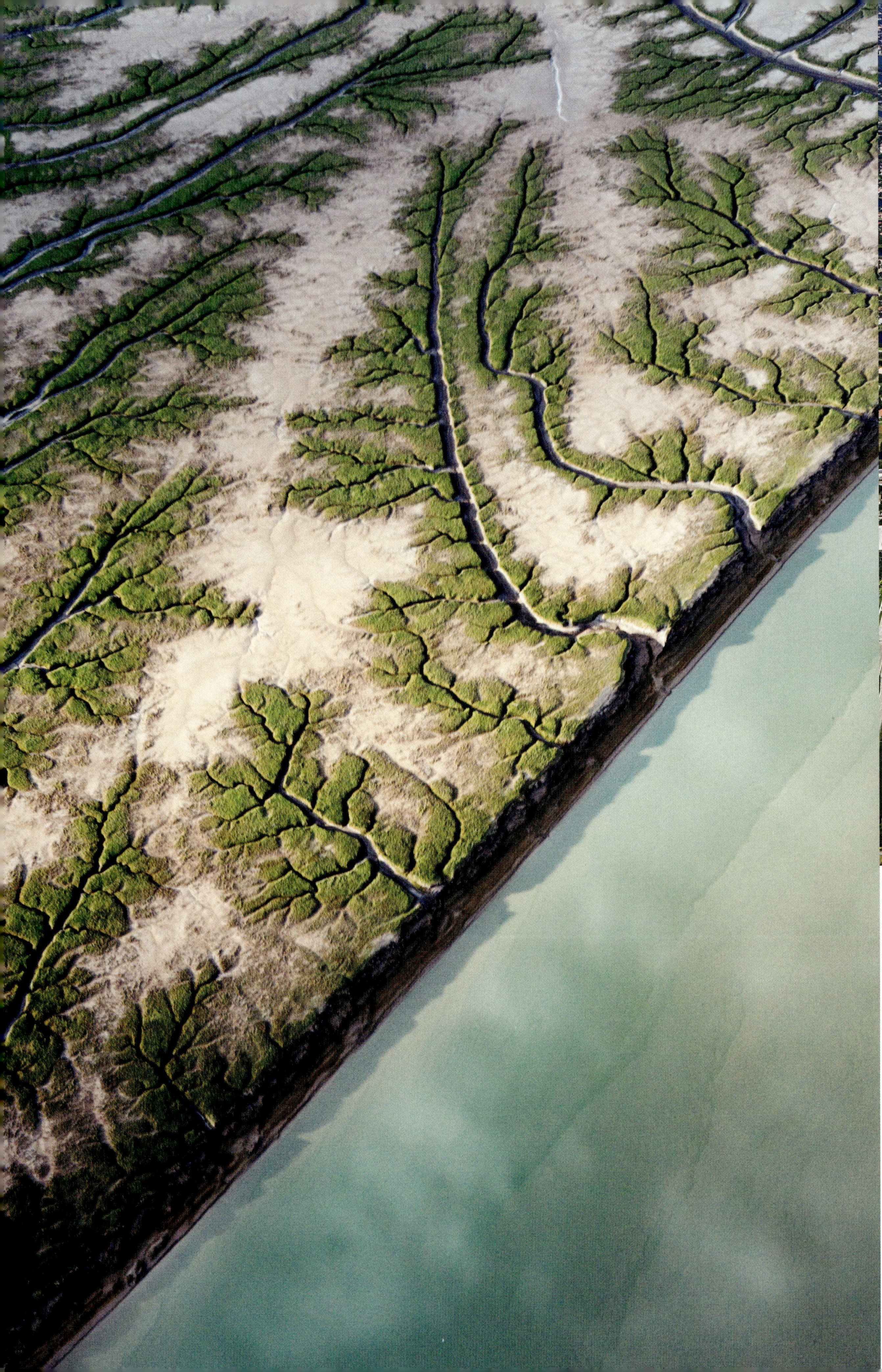
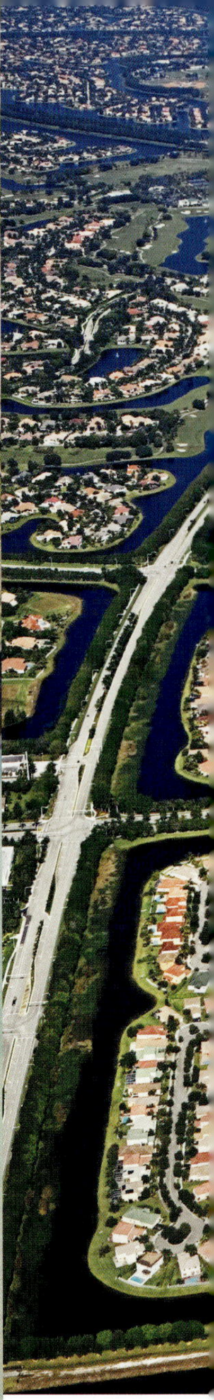

◀ まるで巨大な葉脈
メキシコ、コロラド川デルタ
コロラド山脈を水源とし、グランド・キャニオンをはじめ米国南西部の大地を削って、ほとんど干上がった状態でカリフォルニア湾に注ぐコロラド川。支流が葉脈のように広がる眺めは別の惑星の表面のようだ。この河口にあたるメキシコのソノラ州から米国カリフォルニア州にかけて広がる面積約31万平方キロのソノラ砂漠は、1年を通じてほとんど雨が降らない、北米で最も暑く、広い砂漠だ。

PETE MCBRIDE/ National Geographic Creative

▲ 花柄の高級住宅地
米国、フロリダ州
まるで花模様に見える、新たに造成された宅地に埋め尽くされたフロリダ州の一角。フロリダ州南部のウェストンやロサンゼルス郊外のハリウッドなどでは、米国の富の象徴のような高級住宅が次々に建てられている。アメーバのように際限なく増殖し続けるこうした宅地は、フロリダ州のエバーグレーズ国立公園などの貴重な生態系にとっての脅威にもなっている。

fotog/ Tetra Images/ Getty Images

101

真っ白な砂漠
ブラジル、レンソイス・マラニェンセス国立公園

大西洋に面したブラジル北東部、マラニャン州のレンソイス・マラニェンセス国立公園に広がる大砂丘。細長い砂丘が幾重にも連なる風景は、洗い立ての白いシーツが風にたなびいているかのように見える。沖縄本島と西表島がすっぽりと収まる面積1550平方キロのこの一帯は、その貴重な生態系のゆえに国立公園に制定されている。毎年、1月から6月にかけての雨期には、雨水が砂丘の谷間にたまり、幅90メートル、深さ3メートルもの池ができる。GEORGE STEINMETZ/ National Geographic Creative

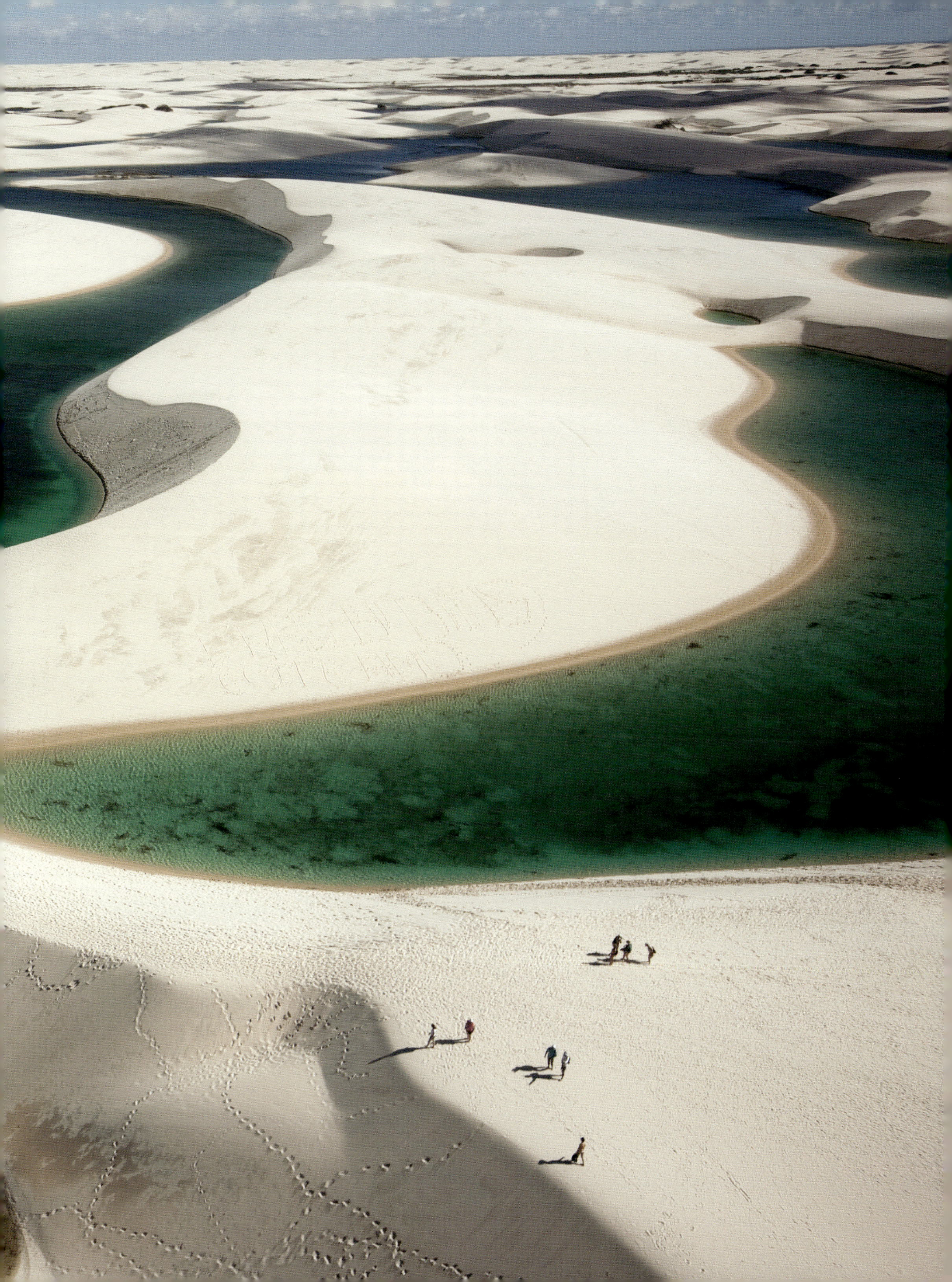

▼ **フラミンゴの奇跡**
メキシコ、ユカタン半島
メキシコ湾に面したユカタン半島のチュブルナに近い潟で、偶然、鳥のかたちにまとまったフラミンゴの群れ。撮影者のロバート・ハースは、投資会社を経営するかたわら、空撮写真を専門とする写真家としても活躍し、荒々しい野生の生命力に満ちたラテンアメリカとアフリカの大地を"コンドルの目で"撮影した写真集2冊をナショナル ジオグラフィック協会から出版している。
BOBBY HAAS/ National Geographic Creative

▶ **海にあいた巨大な穴**
ベリーズ
中米ベリーズのカリブ海の沖合にぽっかりと開いたグレート・ブルーホール。ブルーホールは、氷河期に形成された洞窟群が海面上昇などの理由で水没してできたもので、写真のグレート・ブルーホールは、直径が313メートル、深さが約130メートルもあり、その周囲を幅約3メートルのサンゴ礁、ライトハウス・リーフがとり囲んでいる。ライトハウス・リーフをはじめとするベリーズのサンゴ礁は世界第二の広さを誇り、ベリーズ珊瑚礁保護区として世界遺産に登録されている。
KEVIN SCHAFER/MINDEN PICTURES/ National Geographic Creative

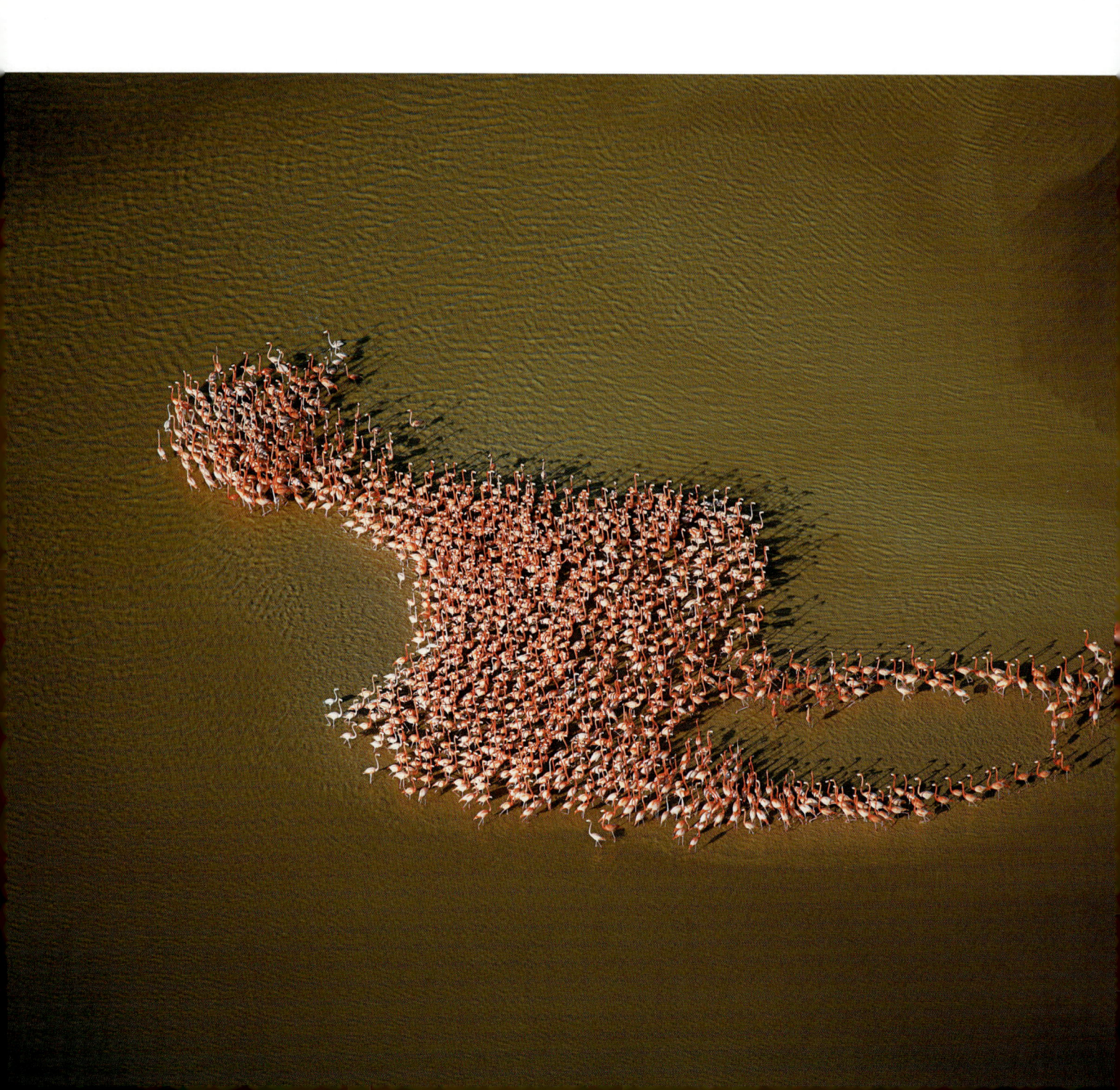

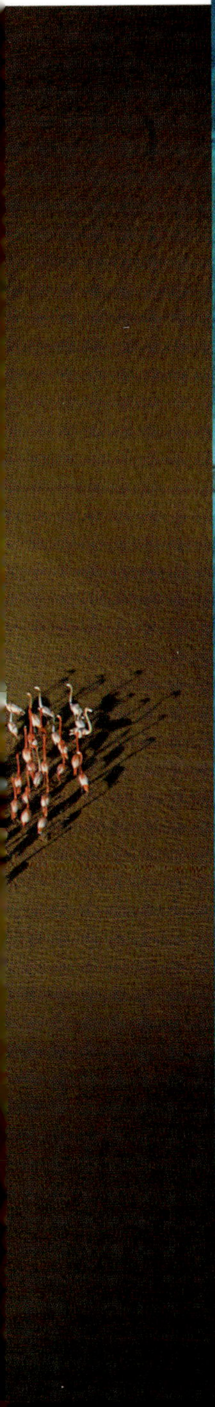
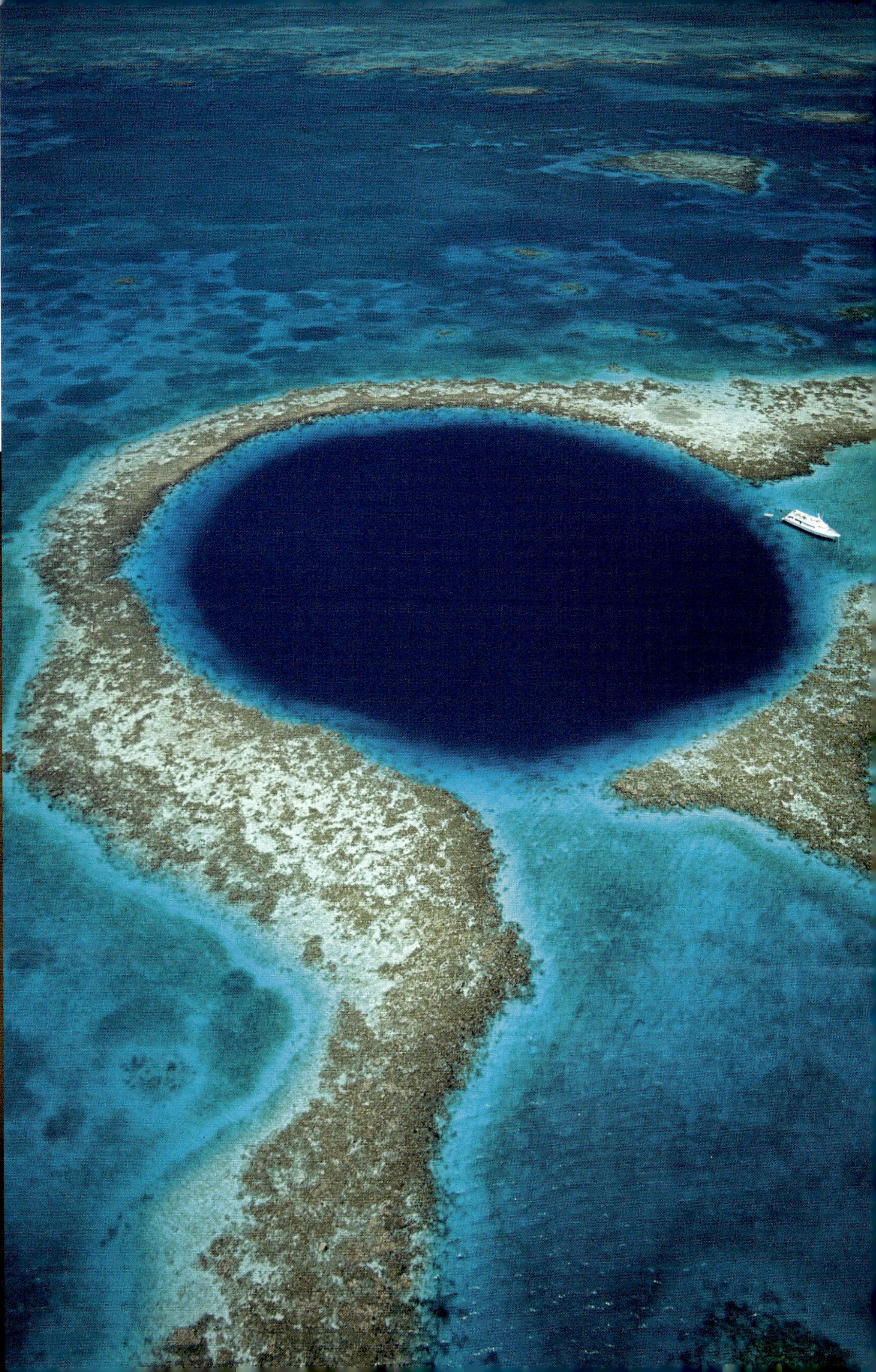

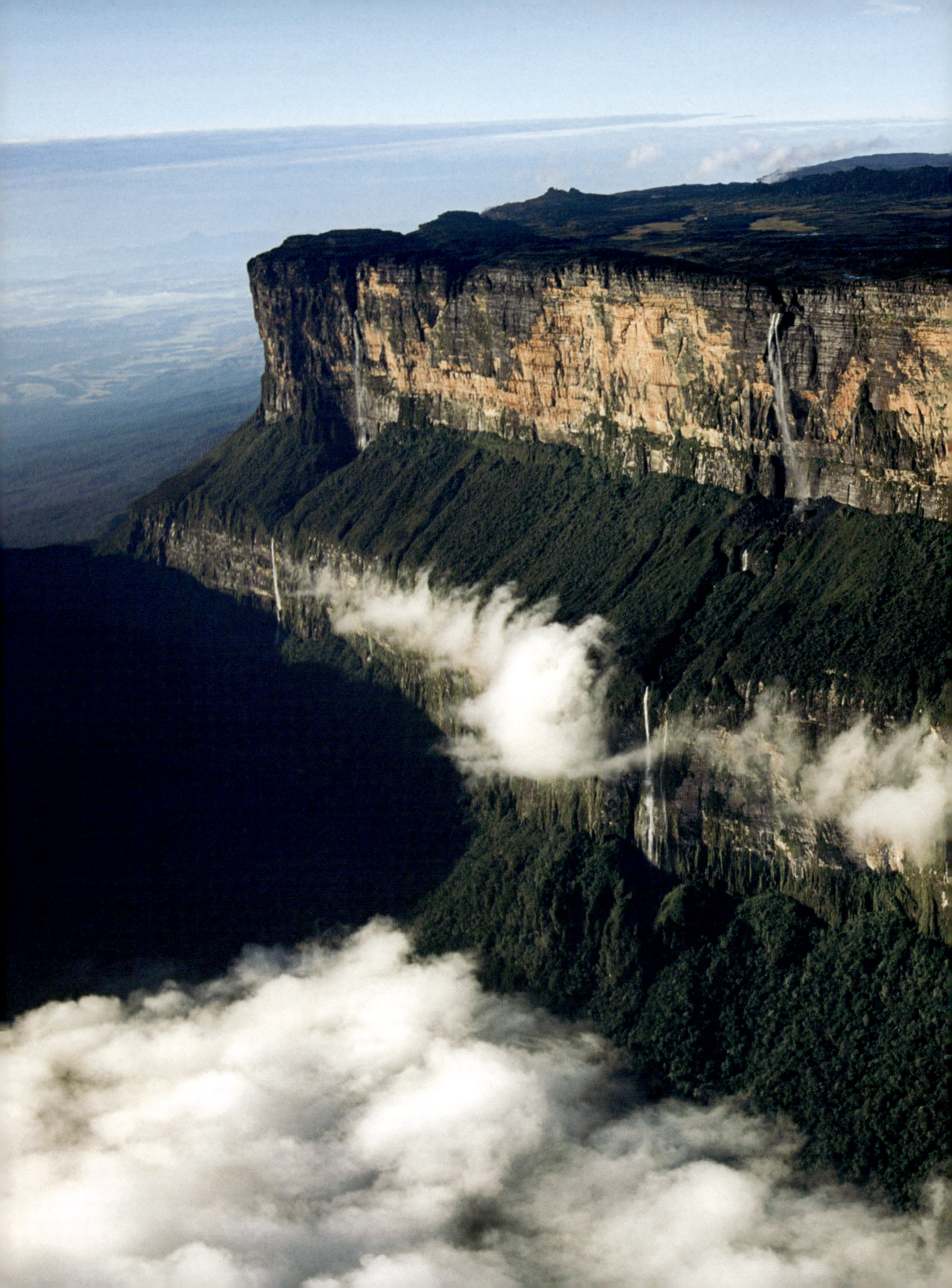

巨人のテーブル
ベネズエラ/ガイアナ/ブラジル、ギアナ高地

ベネズエラのギアナ高地に雲を突いてそびえる、標高2810メートルのロライマ山。ギアナ高地には、「テーブルマウンテン」と呼ばれるこうした天辺の平らな山々が100以上も点在し、このロライマ山と、世界最大の落差を持つ瀑布エンジェルフォールズを含むカナイマ国立公園は、世界遺産にも登録されている。約6億年前、プレートテクトニクスでゴンドワナ大陸が各大陸に分裂した際、大陸移動の回転軸の部分に当たるギアナ高地は、当時からその位置がほとんど移動していないと考えられている。

Ardea/ Aflo

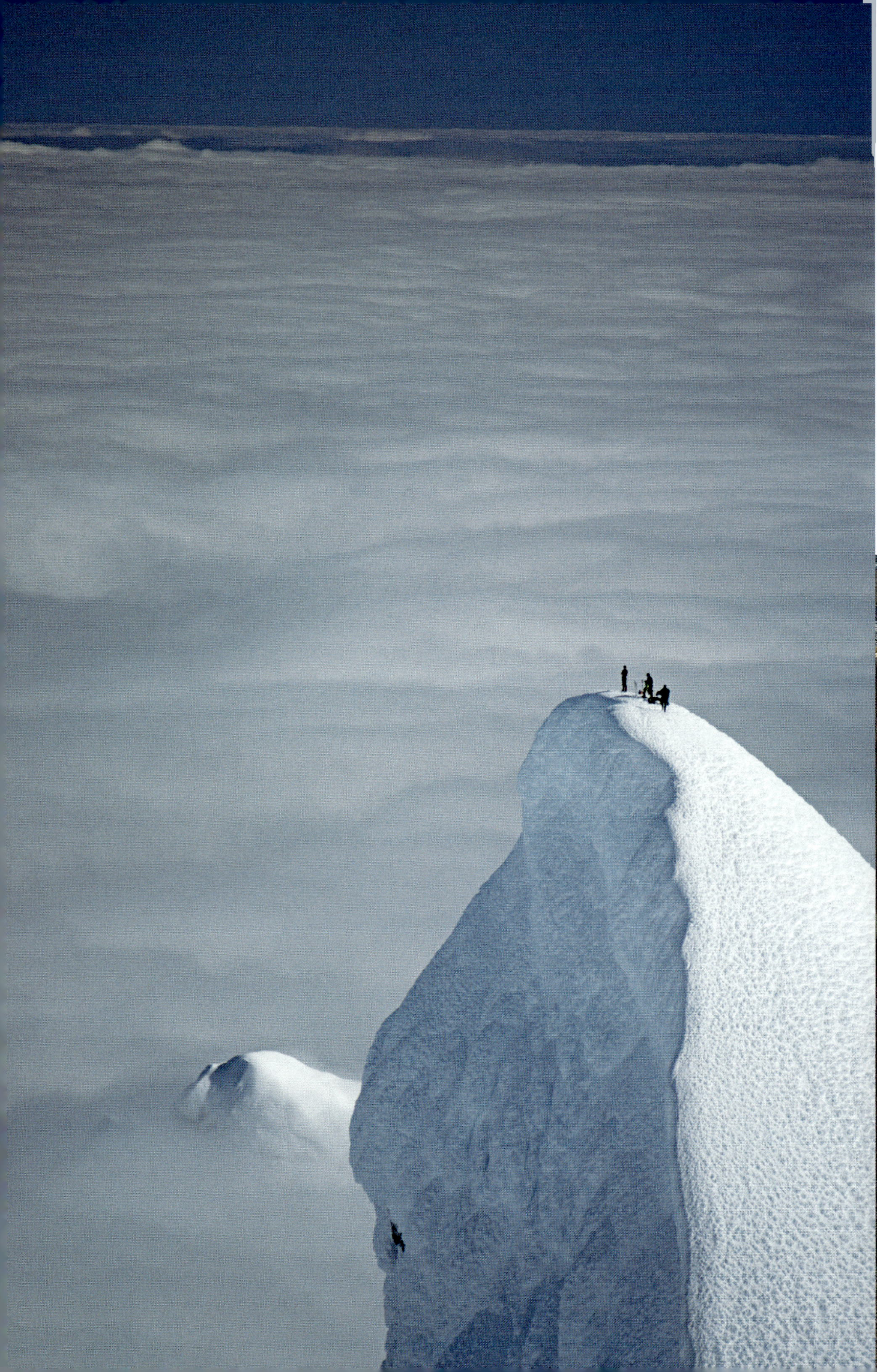
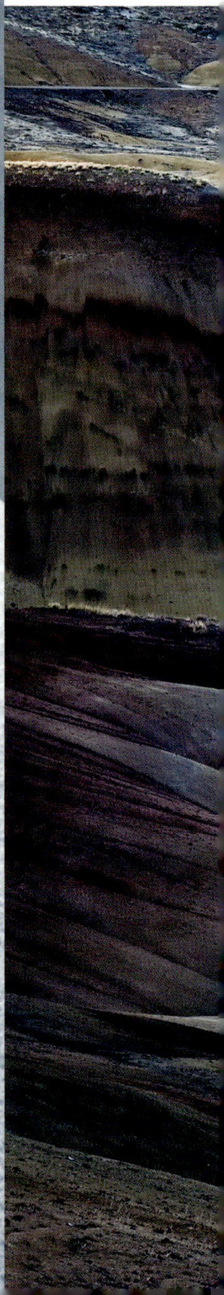

◀ **パタゴニアの高峰を制覇**
チリ、パタゴニア

パタゴニアのサルミエント山麓にそびえる未踏峰に初登頂を果たしたクライマーたち。南緯40度以南のアルゼンチンとチリにまたがるパタゴニアは、最大風速がときに60メートルを超える、南西からの強い偏西風が吹きすさぶ世界最果ての地として知られる。英国の探検家、エリック・シプトンはこの地を「嵐の大地」と呼んだ。偏西風がアンデス山脈にぶつかるためにチリ側のパタゴニアは降水量が多く、アンデス山脈の反対側のアルゼンチン側は乾燥した半砂漠地帯になっている。

GORDON WILTSIE/ National Geographic Creative

▼ **縞模様の丘**
米国、オレゴン州

オレゴン州のジョン・デイ化石層国立公園の一角を占める、色彩豊かな地層に斜面を彩られたペインティッド・ヒルズ。この変化に富んだ地層は、太古に一帯が川の氾濫原だった時代に形成された。斜面に走る黒い筋は、かつて氾濫原に自生していた植物からできた亜炭で、灰色の筋は泥岩やシルト、頁岩からなる。この丘陵地では、初期の馬、ラクダ、サイの化石が多く見つかり、古脊椎動物学の宝庫にもなっている。

DAVID HENDERSON/ Getty Images

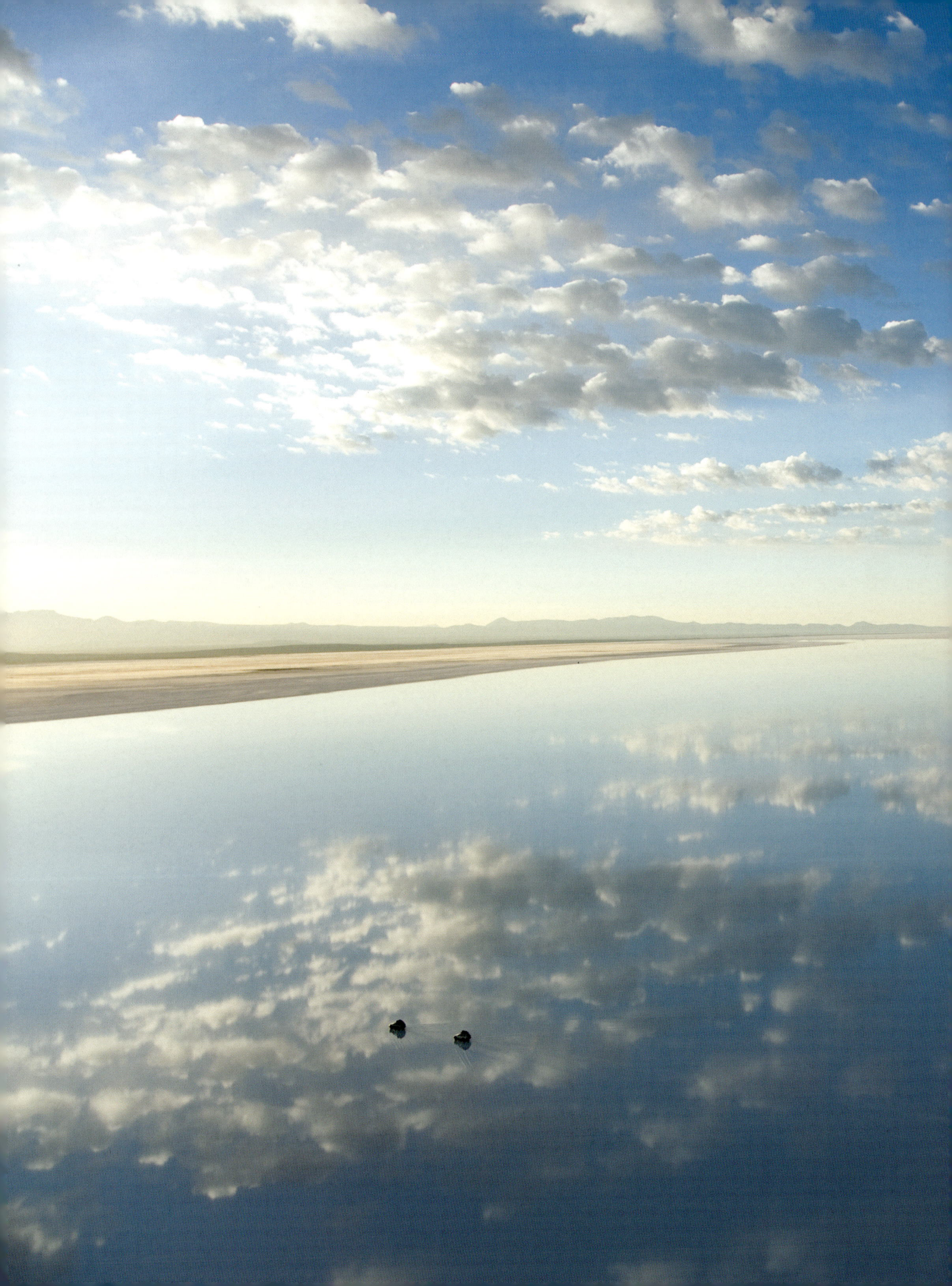

空と地面がつながる場所
ボリビア、ウユニ塩原
風の吹きすさぶボリビアの荒涼とした町、ウユニの近郊にある、世界最大のウユニの塩原（干上がった塩湖の湖底）。標高約3700メートルのアルティプラノ高原に広がる、面積約1万2000平方キロのこの塩原は、高低差がわずか1.2メートルしかなく、そのモノクロームの世界のところどころにサボテンの生える島や、ピラミッド状の塩の丘がある。写真のように、雨が降って塩原が鏡のようになる日は年に数日しかない。
GEORGE STEINMETZ/ PPS

グランドキャニオン
米国、アリゾナ州
アリゾナ州北部のコロラド高原を流れるコロラド川の浸食でできた世界最大の長さの渓谷、グランドキャニオン。全長467キロ、深さ1600メートルにも達する峡谷の切り立った岩壁には、20億年前のビシュヌ片岩をはじめ世界最古の岩がいくつも見つかり、太古の海岸線の前進と後退、山の形成や川の流れの変化などさまざまな物語が読み取れる。嵐が到来すると、増水して浸食力を増したコロラド川はさらに渓谷を深く刻みながら、カリフォルニア湾をめざして流れていく。

PETE MCBRIDE/ National Geographic Creative

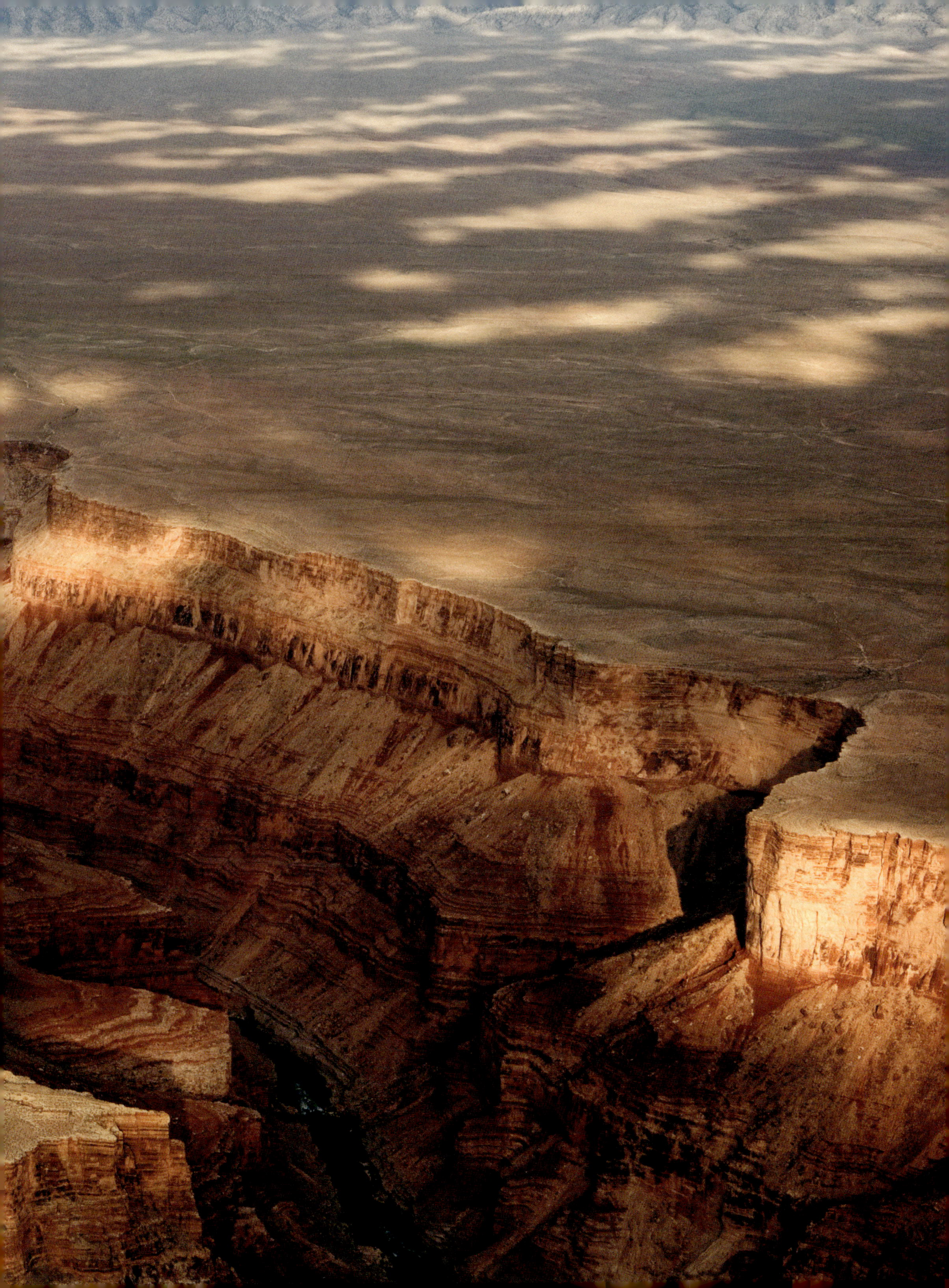

氷河期がつくった絶景
ニュージーランド、フィヨルドランド国立公園

氷河期の氷河が削ったフィヨルドと鏡面のような海水とが織りなす、ニュージーランド最大の国立公園、フィヨルドランドの太古のままの自然景観。年間7000ミリを超える降水量が公園内の豊かな緑を育んでいる。ニュージーランドの南島では、約1万2500平方キロの壮大なこのフィヨルドランドを含む3国立公園とを合わせた「テ・ワヒポウナム」がユネスコの世界遺産に登録されている。

BRYAN J. SKERRY/ National Geographic Creative

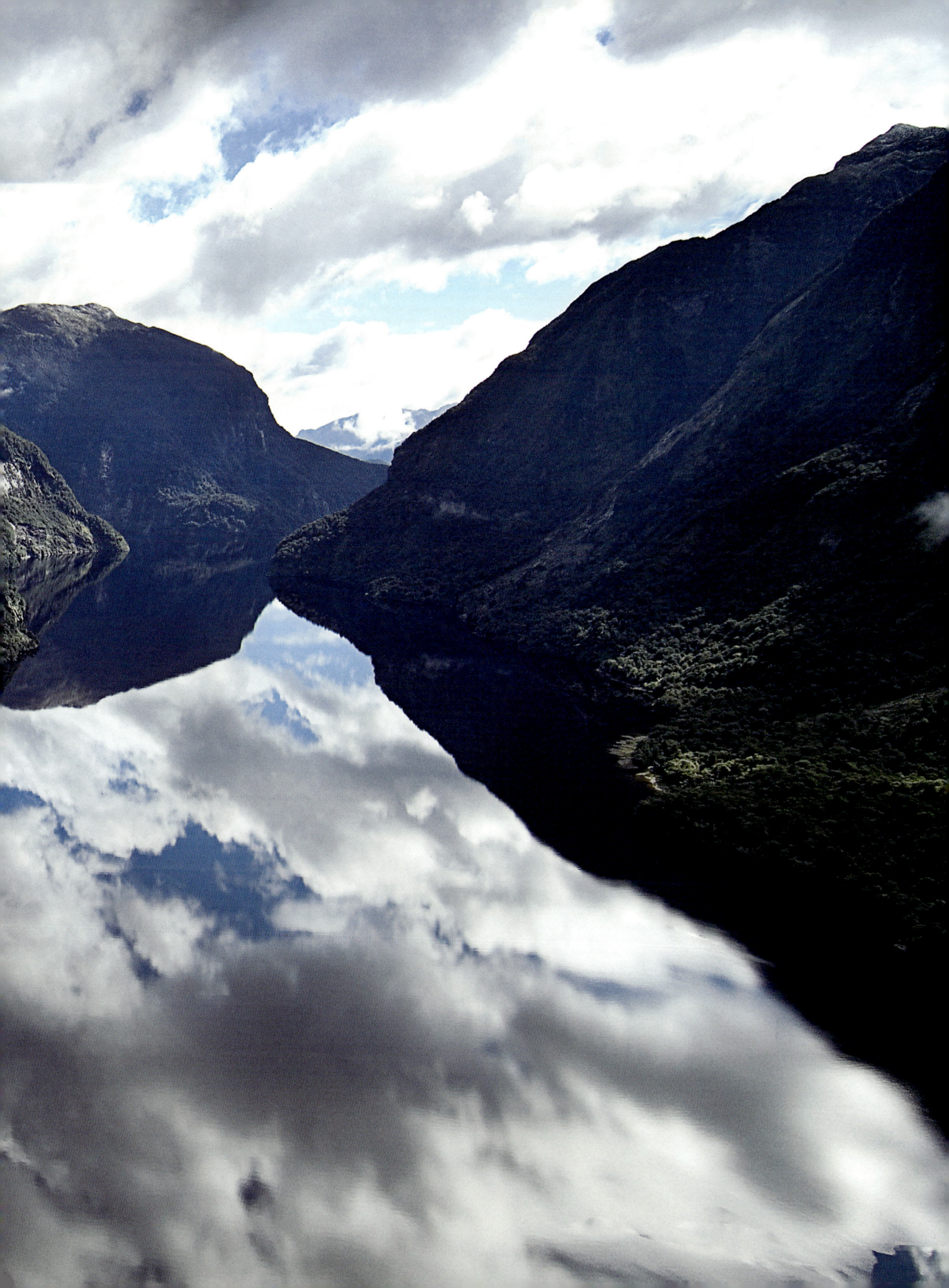

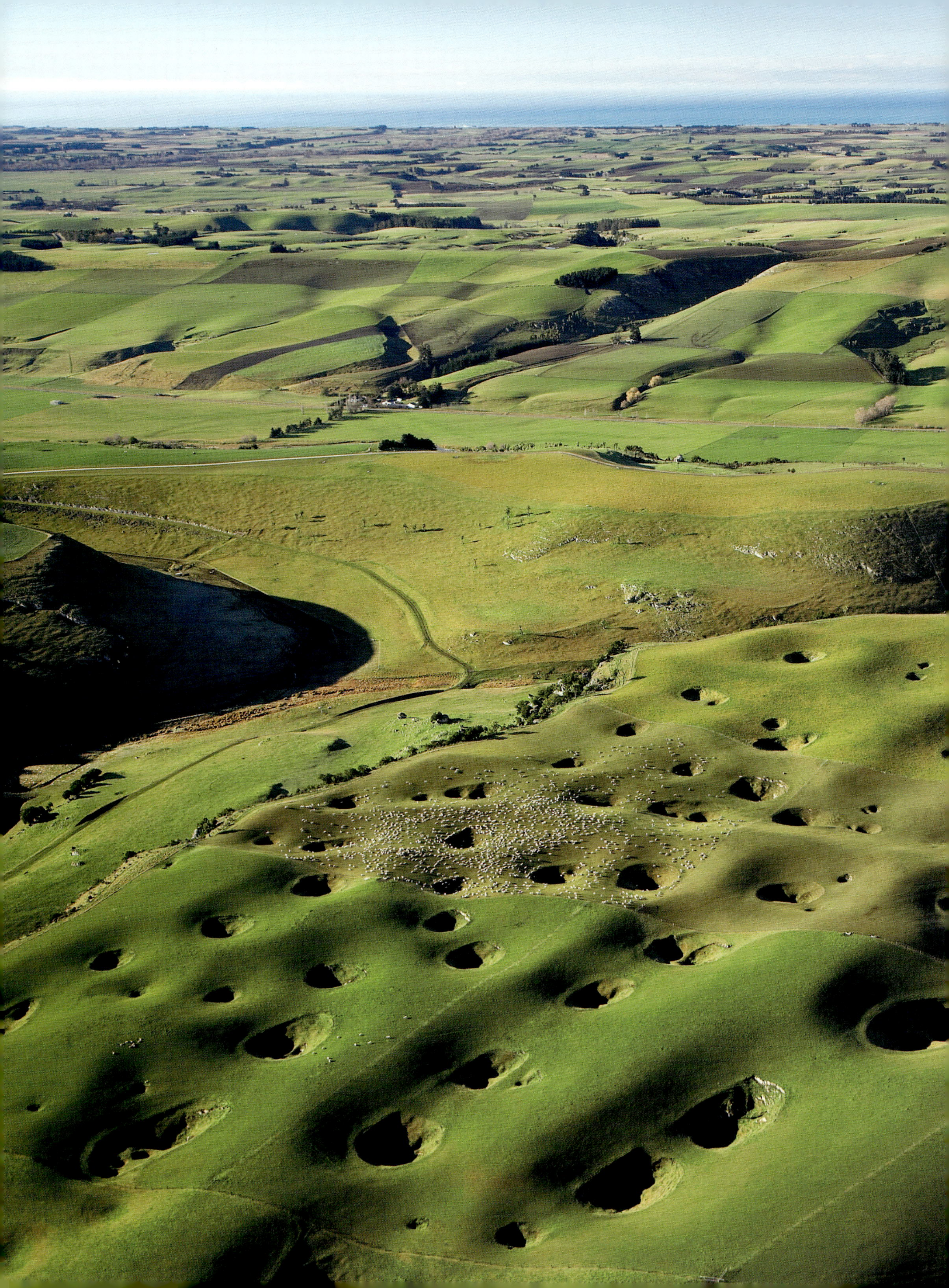

穴だらけのクレイグモア台地
ニュージーランド、マウンガティ
南島のカンタベリー平野の美しい町、ティマルーの南西に広がるカルスト地形の大地。豊かな草地が広がるクレイグモアのあちこちには、「シンクホール」と呼ばれる浸食作用でできた穴が無数に口を開けている。1キロ以上にわたって並ぶシンクホールの周りでは、ヒツジの群れがのんびりと草を食んでいる。

David Wall/ PPS

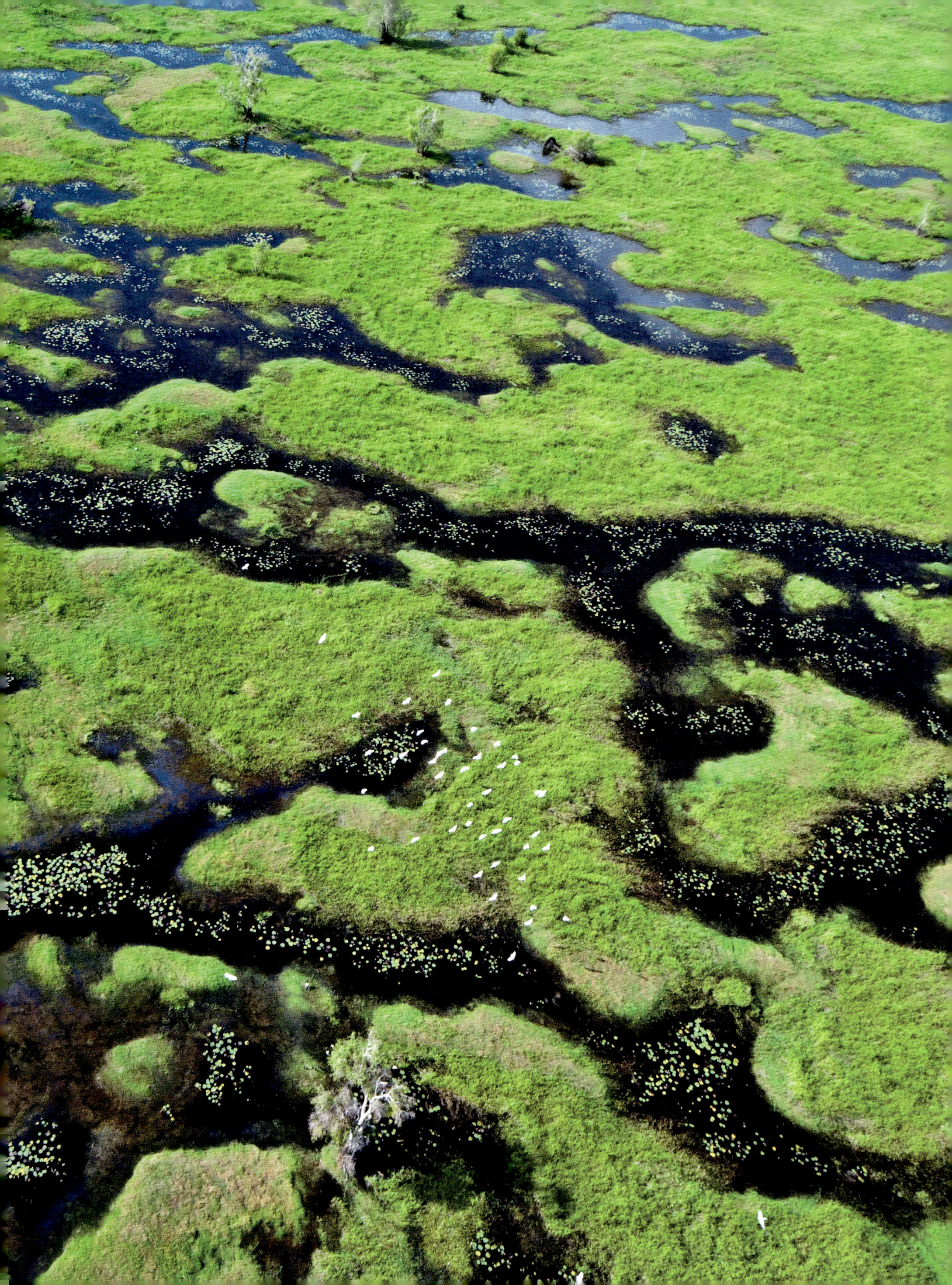

◀ **豊穣の湿原**
オーストラリア、カカドゥ国立公園
ダーウィンの南東約153キロの熱帯の奥地に広がる、オーストラリア最大の国立公園、カカドゥの大自然。この広大な湿地帯はサウス・アリゲーター・リバー全域に広がる。全長160キロと短い川は、熱帯雨林やユーカリの森、湿原、マングローブの木々のあいだを抜けて海に流れ込む。雨期になって、大量の雨で水かさが増えた川が巨大な砂岩の断崖から何本もの滝となって流れ落ちる光景は、この国立公園の圧巻だ。

JASON EDWARDS/ National Geographic Creative

▲ **しましまの奇岩群**
オーストラリア、パーヌルル国立公園
西オーストラリア州北西部の秘境、キンバリーにそびえる、地衣の黒い層と風化した砂岩が交互に重なった独特の縞模様を描くバングルバングルの丘陵群。高いものは200メートルを超える。1980年代まで、砂岩の山々がつくるこの壮大な景観の存在を知っていたのは、先住民のアボリジニだけだった。この事実からも、いかに遠く近づきにくい土地であるかが分かる。パーヌルルとはアボリジニの言葉で砂岩を意味し、バングルバングルは草の種類を表すという。

mauritius images/ Aflo

熱いシャンパン

ニュージーランド、ロトルア

活火山帯の中心に位置する、ニュージーランド北島のロトルアの温泉「シャンパンプール」。230℃もの高温で溶けだした金属類のせいで、白、オレンジ、緑の層ができている。硫黄の刺激臭が漂うなか、高温の間欠泉が空高く噴出し、泥が沸き立ち、色鮮やかな池から湯気が立つこの土地を、先住民のマオリは太古から崇めてきた。マオリの文化に触れられる温泉治療の本場として、年間を通じて多くの観光客でにぎわっている。

PAUL CHESLEY/ National Geographic Creative

炎と氷の大地
ニュージーランド、トンガリロ国立公園

風光明媚なニュージーランドでもとりわけ美しい「炎と氷の大地」、トンガリロ国立公園。手前は標高2797メートルの最高峰ルアペフ山で、約25万年前の火山活動によって生まれ、今も数年ごとに噴火して蒸気と火山灰の巨大な柱を噴き上げる。その奥にそびえる均整のとれた山容が美しいナウラホイ山は、映画『ロード・オブ・ザ・リング』で「滅びの山」として登場する。さらに奥に広がるトンガリロ山は、硫黄の臭う蒸気があちこちから噴き出し、不気味な雰囲気が漂う。

STUART FRANKLIN/ National Geographic Creative

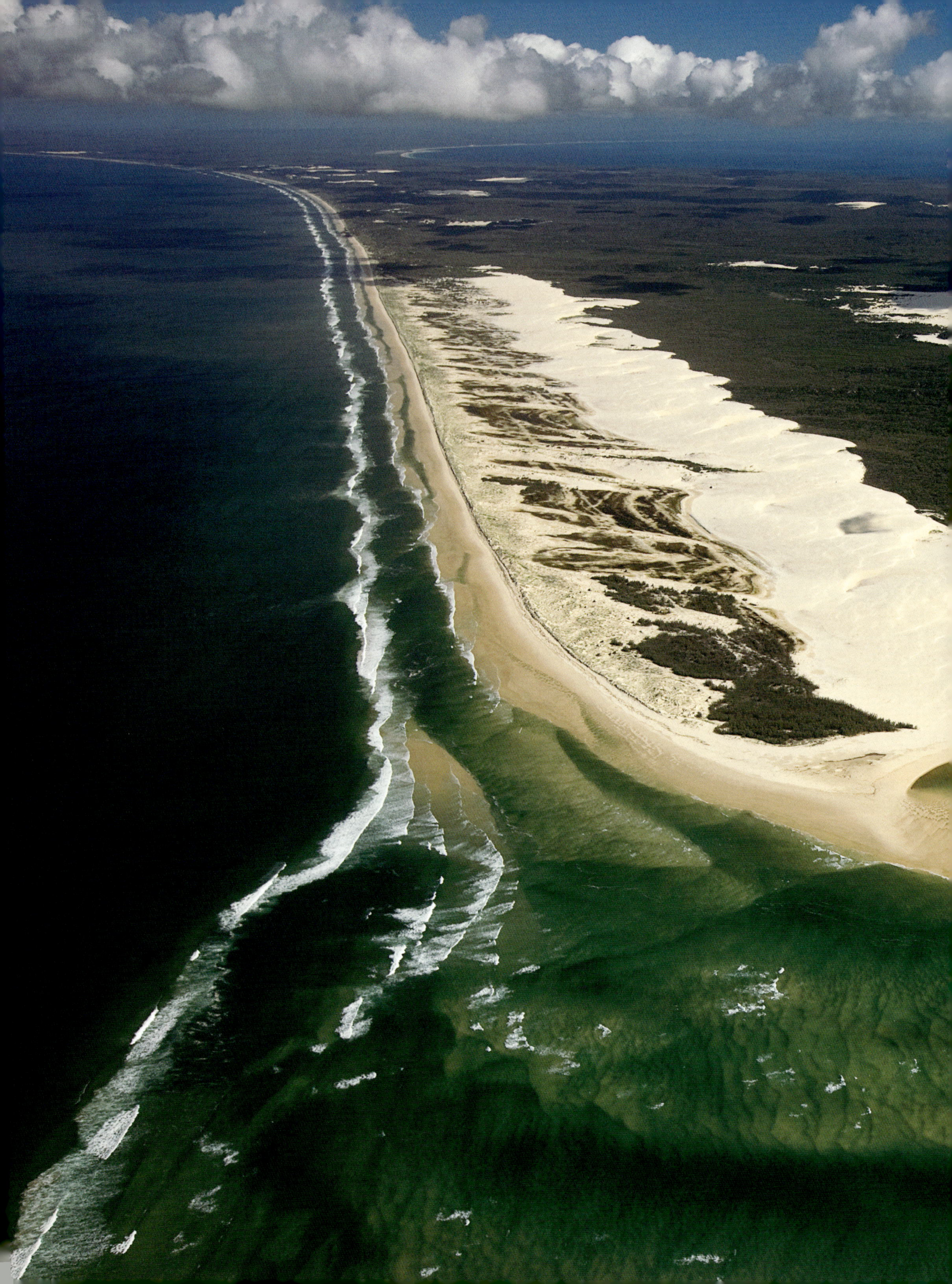

世界最大の砂の島
オーストラリア、フレーザー島

南クイーンズランド州、ブリスベーンの北約200キロのグレート・バリア・リーフ南端に浮かぶフレーザー島。世界最大の砂の島といわれ、世界遺産にも登録されている。だが、この島はただの砂の塊ではなく、熱帯雨林が茂り、野生の花が咲き乱れ、美しい色合いの崖や淡水の湖があり、多くの野鳥が生息する緑の楽園だ。全長128キロの島の周辺は魚が豊富で、冬場には島と対岸のハービー・ベイに挟まれた海域にザトウクジラが姿を現す。

PETER ESSICK/ National Geographic Creative

ウルルと対をなす聖なる岩
オーストラリア、オルガ山

オーストラリア内陸部のウルル−カタ・ジュタ国立公園のシンボル、ウルル（エアーズ・ロック）と対をなす、カタ・ジュタ（オルガス）の奇岩群。カタ・ジュタとは「たくさんの頭」の意味で、最も高い場所が546メートルある。ウルルもカタ・ジュタもアボリジニにとって神聖な場所であるため、東側は旅行者が入ることができない。砂岩が堆積してできた層が地上に現れた部分の両端が、ウルルとカタ・ジュタなのだ。

PAUL CHESLEY/ National Geographic Creative

世界最良のクレーター痕
オーストラリア、ホールズ・クリーク

西オーストラリア州、パーヌルル国立公園に近い町、ホールズ・クリークの南100キロの地点にある、直径875メートルの隕石クレーター「ウルフ・クリーク・クレーター」。約30万年前の更新世に重量約5万トンの隕石が地表に衝突してできたと考えられ、1947年、旅客機の乗客が偶然発見した。これほど保存状態のよいクレーターは珍しい。現在、周辺はウルフ・クリーク隕石クレーター国立公園に制定されている。

RANDY OLSON/ National Geographic Creative

▲ 美しい楽園
フランス領ポリネシア、ボラボラ島

フランス領ポリネシアのなかで最も美しい島と賞賛されるソシエテ諸島に属する、ボラボラ島の空からの眺め。1周約30キロの本島とその周囲の真っ青な海を、約40キロのリーフ（岩礁）がとり囲み、多くのハネムーン客やダイバーが訪れる。島の中央にそびえる標高727メートルのオテマヌ山の頂からは、まさに楽園と呼ぶにふさわしい、リーフに彩られた周辺の海を眺めることができる。

Water Rights Images/ Aflo

▶ 夏の終わりの流氷
南極、マクマード・サウンド沖

流氷に覆われた晩夏のマクマード・サウンド沖を進む砕氷船。地球上で5番目に大きな大陸、南極大陸の面積はオーストラリアのほぼ2倍の約1400万平方キロ。気温がマイナス90℃に達することもある大陸のほとんどは、厚さが約1.6キロにも及ぶ氷で覆われている。1959年の南極条約で生物地理区として保護が定められ、各国が研究や実験に取り組んでいる。

NORBERT WU/ MINDEN PICTURES/ National Geographic Creative

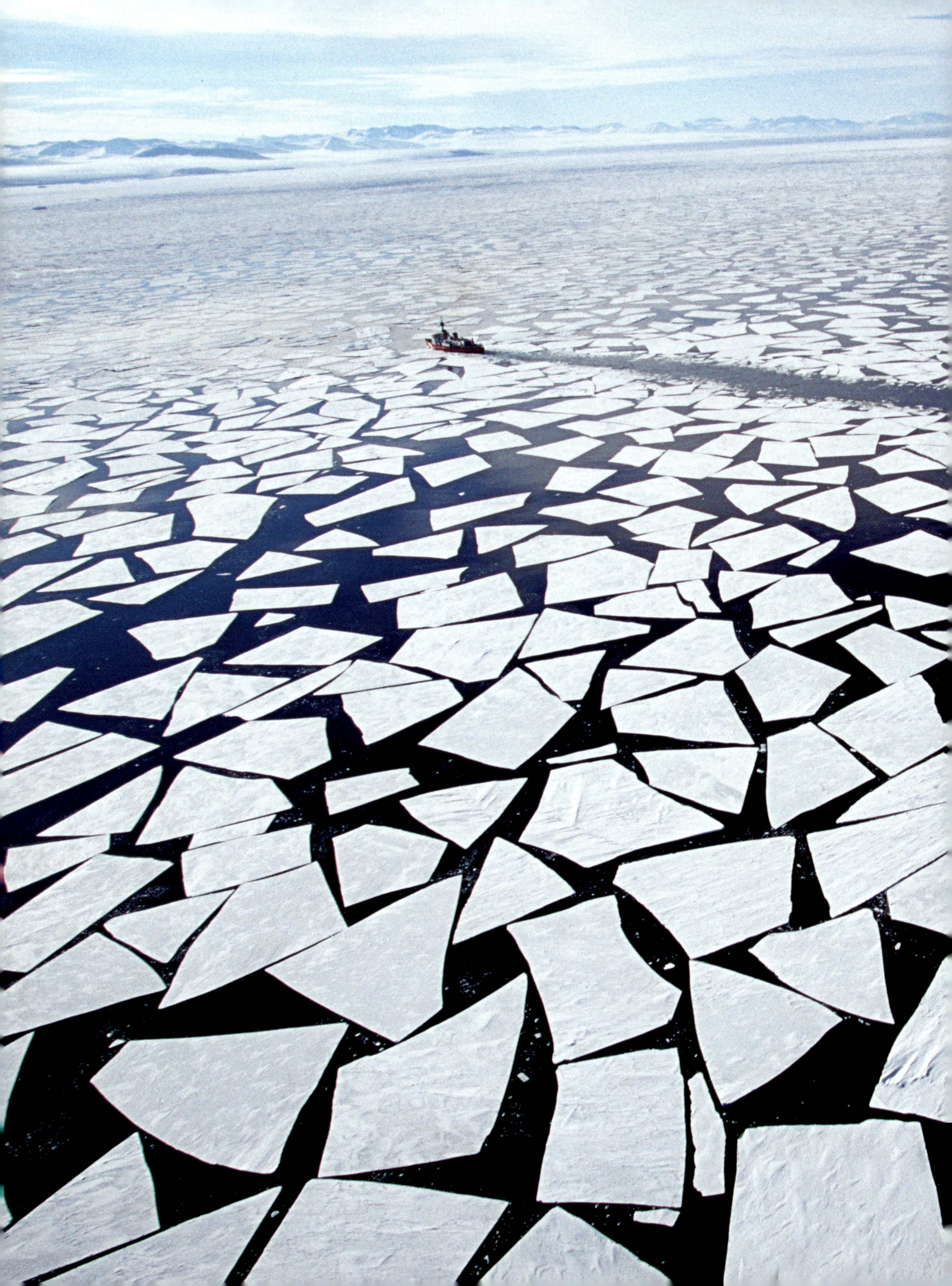